文史哲學集成

趙雨樂著

唐宋變革期軍政制度史研究㈠

——三班官制之演變

文史哲出版社印行

國立中央圖書館出版品預行編目資料

唐宋變革期軍政制度史研究. 一, 三班官制之演變 / 趙雨樂著. -- 初版. -- 臺北市 : 文史哲, 民82
面 ; 公分. -- (文史哲學集成 ; 262)
ISBN 957-547-137-7(平裝)

1. 軍政 - 行政 - 中國 - 唐(618-907) 2. 軍事 - 行政 - 中國 - 宋(960-1279)

591.84 81003668

文史哲學集成 ㉖②

唐宋變革期軍政制度史研究(一)
——三班官制之演變

著者：趙雨樂
出版者：文史哲出版社
登記證字號：行政院新聞局局版臺業字五三三七號
發行人：彭正雄
發行所：文史哲出版社
印刷者：文史哲出版社
台北市羅斯福路一段七十二巷四號
郵撥〇五一二八八一二彭正雄帳戶
電話：三五一一〇二八

實價新台幣二八〇元

中華民國八十二年十一月初版

ISBN 957-547-137-7

作者簡介：

趙雨樂，一九八六年香港中文大學歷史系畢業。一九八八年於中文大學歷史系獲哲學碩士學位。同年取得日本文部省奬學金赴京都大學攻讀東洋史學博士後期課程。一九九三年獲京都大學文學博士學位。先後任教於香港中文大學歷史系、香港浸會學院歷史系及香港公開進修學院人文及社會科學院。主要論文有《唐代における内諸司使の構造》、《唐代における飛龍廄と飛龍使》等多種，專研唐宋政治及軍事制度。

自序

唐宋變革期之使職研究，向爲日本學界所關注。其中京都學派所認爲唐代迄宋代，乃中國自「中世」走向「近世」階段之觀點，對筆者啓發甚深。故就讀中文大學，習業於羅球慶師時，特別以低級之使職——三班使臣爲碩士論文題材，嘗試探討唐末五代迄宋初下層官僚制度之演變及構成。當時論文復經余英時教授作校外評審，頗獲評價。欣喜之餘，惟努力自勉。其後繼赴京都大學攻讀東洋史學博士後期課程，得谷川道雄、竺沙雅章、礪波護、梅原郁諸教授指正良多，加深對唐宋官制之認識。諸師之教導與栽培，吾人銘感於心。今不畏翦陋，將論文略爲增刪，以第一冊形式出版。倘若在蕪雜之文字裏，稍有一、二可取之處，已完成一點謝師之心願。

此編文章最初題爲「唐末五代迄宋初三班官制之嬗變」，旨在說明三班官職於不同時期內之發展特色，反映著動盪時期軍事與政治活動密切結合之狀況。考其官制變遷程序大抵有四：㈠由唐末內廷宦官系統生成之承旨、供奉官等名目，是三班官制發展之初階，純粹爲宣徽院下之雜務小使而已。㈡五代後周以前，三班官制積極擴充，多爲帝王元從武人之職掌，具濃厚之親信意味。除了在三班基層內增設班數外，更發展出較上層之職名，諸如押班、都知、副都知，任使形式亦顯得重要而多元化。㈢後周世宗建立殿前親軍以後，至宋太宗淳化年間三班官制改革以前，乃三班官制由燦爛而回歸平淡時期。其上層之長官組織爲親軍吸納作軍制基礎後，餘下之三班內容，漸喪失與軍職之聯繫，專向使職性格發展。㈣太宗端拱、淳化之三班改革，徹底改變三班原有之性質。三班基層名目擴大爲三班借職、奉職、左右殿直、左右侍禁、東西頭供奉官等級序。又改隸於新置之三班院下，方便吸納、羈縻多種地方勢力，提供更多上進機會。這些純粹寄祿之官階配置不同之等級差遣後，其原有之親信意味遂失，代之而出現其他新興之帝王耳目。

在撰寫過程中，本文嘗試用較新的觀點、較詳盡之數據及圖表分析，以解決、綜合繁複之歷史問題。其中對一些少爲人所討論之範圍，多加著墨。例如從來之使職研究，多集中在任使性質方面，忽略了其與親軍組織編成之關係。本文試從唐末五代三班官之升遷行徑入手，探討其使職與軍職之性格發展。此外，宋初宣徽機構之日趨式微，歷來鮮究其由。本文欲指出親軍制度之專職確立，造成使臣職能上之萎縮，乃帶動宣微院衰落之一種要因。至於宋代官階與差遣之分割現象，更爲時人詬病，視爲官制紊亂之罪魁禍首。本文以太祖至仁宗朝之三班官爲研究個案，顯示在大一統趨勢下，官階與差遣之配搭，自有其執行暢順之原理。

唐宋變革期軍政制度史研究㈠目錄

——三班官制之演變

壹、緒論

唐末五代是中國自統一盛世進入動盪紛亂之一段時期。無論在政治與軍事方面皆出現劇烈之變化。以傳統舊貴族爲支援之中央皇權，由新興之地方割據勢力所取代，成爲延綿相繼之藩鎮政權。爲了適應動亂時代之特殊環境，不得不在舊有之軍政基礎上加以改革，積極發展近世君主之統御權力。唐末以後發展出來之三班制度，正是這段軍政轉變期內特有之縮影。

就政治方面之轉變而言，隋唐以還之外廷系統，即三省、六部、諸寺監之實際權力，逐漸爲內廷之諸司使臣所侵蝕，成爲有形無實之政治外冠。反之，諸司使臣成了圍繞帝王權力之親從，執行著多元化之任使。最初，諸司使之工作，多由內廷宦官擔當。五代以後，鑒於唐末宦禍，又將藩鎮時期之心腹武將任爲諸司使，遂削弱了內廷之意味而成爲中央官員。到了宋初，諸司使臣便多順理成章，演變爲西班、東班或橫班之中央寄階武官。故此，在這階段內，使臣之武官化趨向乃默默地進行。

正當龐大之中央職能逐漸爲帝王親近臣屬所取代，在軍事組織方面，也同樣依循著這種步伐發展。徵兵制破壞而有募兵制，募兵制又極端地發展爲帝王之私兵。唐末所謂六軍十二衛兵，開帝王親兵之先河。延至後晉之侍衛親軍、後周之殿前親軍，以至宋初之三衙，莫不從帝王藩鎭時期之元從組織中選取精英，加以擴充成强大之軍事勢力，作爲統一全國之重要資本。因此，軍事將領之專職化，越到後期，越受重視。

可知唐末五代政治與軍事型態，再不如中世時期强調貴族之血緣關係，乃是以帝王爲權力中心，由其親近之元從將校執行任務，故私人任命之意味很濃。而圍繞著帝王權力核心者，不外爲藩鎭時期之心腹舊人。觀此，五代大部份時間內，使臣與軍人之間角色，頗難釐清。兩者工作往往是相互補足、重疊，甚至以互調之形式進行，使五代帝王以下之權力分配，顯得多元而活潑。

最能夠標誌著唐末五代迄宋初軍、政組織緊密配搭者，可謂此時期之三班官制。唐末三班官制從內廷系統中脫穎而出，成爲帝王頗爲親信之對象，越到五代後期，三班官武官化之蹟象越趨明顯，在承旨、殿直、供奉官之類目內不斷擴班，更在上層發展出押班、副都知、都知等長官名目。

五代宋初之三班官，從使臣之角度觀察，可知其官職轉遷型態，是向著諸司使、副方面發展。就如後周世宗時賀惟忠補供奉官，到了宋初授儀鸞副使①，又例如後周顯德中之周審玉補殿直，到了太祖建隆時爲作坊使②。但是，更値得硏究之處爲，隨著五代戰亂，親軍系統同時發展，三班官向軍職轉遷之趨勢更爲明顯。諸如李重進，後晉天福時爲殿直，到了後周世宗即位，已遷爲侍衛親軍馬步軍都虞侯③。甚至其後爲宋太宗之趙匡義，在太祖兵變時爲殿前都虞侯，其實亦起家自三班官④。故此，五代宋初三班官制，並非單具使臣性質。太祖開寶年間，即以孟昶親兵爲三班殿直，隸殿前司⑤，即同樣說明三班官實具有軍職性格。若再考五代初名將，諸如曹彬、潘美、王彥昇、韓重贇、張永德、王廷義、王晉卿、郭守文、呼延贊、慕容延忠、康延澤、周廣、尹繼倫等人，莫不孕育自三班官行列。當知三班官在帝王之親從集團中，具有舉足輕重之地位。三班官無疑具有軍職與使職之多重性格，以適應五代宋初複雜之軍政活動。

不但如此，這種制度在當日藩鎮割據之局面下，普遍地襲用，作爲彰顯君主權力之表徵。除了自稱正統之五代政權外，於其他地方勢力，亦多少受到習染。例如北漢，即有供奉官侯霸榮，密殺其主劉繼恩事⑥。及繼元即位，亦有以殿直都知郭守斌出戰⑦。此外，又有北漢宿衛殿直行首王隱、劉昭、趙巒等圖謀之記載⑧。南唐後主李煜，於澄心堂亦有承旨秦承裕供奉⑨。但由於史料所限，了解未深而已。總而言之，三班官已普遍成爲割據帝王擴展權力意志之工具，可視爲帝王之耳目親信。

三班官所以能夠在軍事與政治之間具有活躍之角色，很大程度是基於與帝王之親信關係。隨著後周逐步取替割據之政權，帝王所親信對象，再不是單純基於藩鎮舊人之關係，而是能征慣戰，以實力幫助國家統一之親軍將領。後周殿前親軍確立以後，將作戰精銳之三班官，包括上層之都知、副都知、押班官都吸納於親軍系統中，剩下來之三班官制，又重新循著昔日承旨、殿直、供奉官之簡單基層發展，與軍制逐漸脫離了關係，遂專向使職之範圍升遷，其職能便由多元而局限於固定之常務工作。

到了宋初以後，三班官人數不斷激增⑩，其親從性質更日漸式微。爲了徹底打破中央與地方之隔膜，以較低級之三班官吸納、羈縻多種地方及流外官員勢力，似乎爲無可避免之趨勢。在另一方面，三班官又成爲高級官員蔭補子弟之對象，遂成爲貴賤混雜之總稱。到了太宗雍熙、淳化年間，隨著三班院之設立，進一步全面改革三班官制，將其原有職名加以擴充，新增三班借職、奉職、侍禁等名目，以滿足貴賤升遷等不同要求。三班官寄錄之法，遂取代原有之親信實職，用以配合連串之差遣類目。三班官舊日作爲帝王親信之私人角色，漸次由新興之走馬承受等機關取代。

本論文以四章加以處理。在《唐末五代三班官制及其武官化趨勢》一章，主要介紹唐末以來三班官由內廷宦官系統興起，到了五代加以擴展，成爲多種等級之官制，其間因應著戰爭需要，出現了武官化之趨勢。《五代宋初三班官之轉遷途徑——三班官軍職與使職性格初探》，將集中討論三班官由基層而上遷之途徑，說明五代三班官由原來具有軍職與使職之多重性格，發展至專向使職轉遷之歷程。《宋初之三班官制及其改革》一章，嘗試從宋初逐步趨於統一之國家形勢，以了解三班官制之性質如何改變成爲連串純粹寄祿之官階。最後，在《差遣制度確立下新興監察耳目之產生》一章，指出三班官階與差遣類目逐步掛勾下，其過往之親從性消失，相反在三班官賤職觀念之強化下，其地位漸次由新興監察機關所取代。

三班之稱呼，雖然始於宋初⑪，但是供奉官、殿直、承旨三者職名，自唐末五代經已齊備，爲了方便全面論述起見，仍稱這種唐末五代迄宋初官制爲三班。宋代雖習慣稱作三班使臣，實際就職責之意義而言，離開使臣實職甚遠。相反地，稱爲三班官，有助了解其官制轉遷之特質。故此，本文多以三班官爲整體稱呼。以上爲論述前，須要交代之觀點。

【注　釋】

①王稱《東都事略》（台北、文海出版社、一九六七年版）卷廿九、賀惟忠傳、頁四八四：「……初隸周世宗藩邸，召補供奉官，不辭而去，世宗怒，不復用。宋興，始授儀鸞副使……。」

②曾鞏《隆平集》（台北、文海出版社、一九六七年版）卷十八、周審玉傳、頁六九〇：「……周顯德中，以父蔭補殿直，建隆至雍熙，擢爲作坊使……。」

③《東都事略》卷廿二、李重進傳、頁三八四：「……晉天福中，任爲殿直，世宗即位，爲侍衛親軍馬步軍都虞候……。」

④同書、卷三、本紀三、太宗皇帝、頁八九：「……周顯德初，補右班殿直，遷供奉官，五年，改殿前祗候供奉官都知……（宋）太祖受周禪，以太宗爲殿前都虞候……。」

⑤《隆平集》卷二、革弊條、頁一〇三：「開寶四年郊禋，優賞三班、殿直撾登聞鼓，援御馬直例，上遣中使謂曰：朕之所與，便爲恩澤，豈有例邪，盡戮撾鼓者四十人，餘配諸州……初平蜀日，選孟昶親兵一百二十人隸殿前司，謂之三班殿直，至是遂廢。」

⑥彭百川《太平治蹟統類》（台北、成文出版社、一九六六年版）卷二、頁一五四：「……（劉）繼恩置酒宴諸大臣及其宗子，飲罷臥閣中，供奉官侯霸榮率十餘人挺刃入閣，反扃其戶，繼恩驚起，繞書堂屏風環走，霸榮以刃揕其胸，殺之……。」

⑦畢沅《續資治通鑑》（北京、中華書局、一九六四年十月版）卷五、太祖開寶元年九月戊戌條，頁一一

六—一一七：「（劉）繼元始立，宋師已入其境……繼元遣殿直都知郭守斌領內直兵出戰……。」

⑧ 同書、卷三、太祖乾德元年七月條、頁六四：「北漢宿衛殿直行首王隱、劉昭、趙巒等謀叛，事覺，被誅……。」

⑨ 同書、卷二、太祖建隆二年三月條、頁二八：「南唐主至南昌，城邑迫隘……北望金陵，鬱鬱不樂，欲誅始謀者，澄心堂承旨秦承裕，常以屏風障之。樞密副使、給事中唐鎬慚懼，發瘍卒。」

⑩ 《東都事略》卷四八、曾致堯傳附曾鞏傳、頁七一九：「……（太宗）端拱已後，分東西供奉，又置左右侍禁及承旨借職，皆領于三班，三班之稱亦不改。三班吏員，止於三百或不及之。至（眞宗）天禧之間，乃總四千二百有餘。至于今（神宗元豐年間）乃總一萬六千六百九十，宗室又八百七十，蓋（眞宗）景德員數，已十倍於初，而以今考之殆三倍於景德……則是歲歲有增，未見其止。」

⑪ 按《隆平集》卷二、革弊條、頁一〇三所載，則早於太祖開寶四年已有所謂「三班」，然未明言三班內容。明確指出三班爲承旨、殿直、供奉官者，則在太宗太平興國年間。可知三班稱呼，必在太祖、太宗時確立。

貳、唐末五代三班官制之發展及其武官化趨勢

唐後期迄五代政權，含有濃厚之地區主義色彩。就其權力而言，各自可管轄之範圍有限。在管轄範圍以內之地方，普遍存在著分權之現象。國內諸節度使以下，又有防禦使、刺史。而刺史以外，復有兵馬使、鎮遏使等不同名目。故此，中央小朝廷欲有效加强其對地方之控制，必倚靠一套强大之監察系統。唐末五代之三班官，逐漸侵蝕了外廷監察之權力，成爲動亂時期帝王之新興耳目，無疑是地方上達與帝王下達之中間橋樑。

三班官制承唐代制度之原意，本不離監察之目的。然而面對五代戰亂之特殊條件，其官職漸趨於武官化。諸如監軍、巡檢、率兵戰鬥等，越到了五代後期，武官之意味越重，因而漸與軍制發生接合之作用。這種武官化之趨勢，也成爲日後宋代三班官列入武班之考慮背景。從五代三班官發展之狀況，正好反映了帝王權力之高漲現象。

一、唐代三班官制之萌芽過程

嚴格而言，唐宋之三班官制，乃經歷一段頗長之變化時期，各階段之內容因應時勢而增減不一。發端時期乃中唐以後，其間供奉官之角色特別明顯，發展亦較承旨、殿直二者為早。故此，欲明瞭五代時期三班官之職能，必先對唐代之供奉官演變情況具基本之認識。大抵迄唐一代皆有「供奉官」之職名，然而經過中唐以後動盪之歷史因素影響，使其職名之內涵出現變化。當中可大約分為三個不同之階段：⑴唐初期以來之兩省供奉官。⑵中唐以後供奉官職名之演變。⑶晚唐時期三班制度之萌芽。

從上述各階段之交替過程，當發現原來以外廷兩省系統為中心之供奉職名，逐漸為新興之內廷宦官系統所取代，形成日後一種公私性質參半之遣使實職。今據各主要階段加以論述。

㈠初唐以後之兩省供奉官

唐代開國以後，國勢強盛，對內尤重選賢任能，以吸納中央之精英份子為己用。對所嘉許之賢才，常冠以「供奉」之名以顯其特用。

如《冊府元龜》卷九七、帝王部、獎善：

張昌齡，貞觀末獻翠微宮頌，太宗召見，令作息兵詔草，甚加賞歎，曰：禰衡、潘岳之儔也。

令於通事舍人裡供奉。

又例以《唐會要》卷廿六、侍制官條載：

(高宗)顯慶四年二月二十八日，引諸色目舉人謁見，下詔策問之，凡九百人，李巢、張九齡、秦相如、崔行功、郭待封五人為上第，令待詔宏文館，每坐日，令五人隨仗供奉。

諸如上述記載，史料甚豐，所謂「仗內供奉」、「翰林供奉」，其本意亦用以顯其貴，得隨班入見者①。由此可知，臣下帶供奉之名，代表著皇帝之親近與重任。唐初更以供奉官稱呼兩省執政以下之行政人員，其間包括中書省之中書侍郎、中書舍人、右散騎常侍，右諫議大夫、右補闕、右拾遺及起居舍人。門下省之門下侍郎、給事中、左散騎常侍、左諫議大夫、左補闕、左拾遺及起居郎②，以收群臣屬己之意。除了參朝日獲額外賜食優遇外③，亦往往能參與御宴。此種情況，於玄宗一代尤為常見④。及至肅宗，兩省供奉官所受待遇，不下於諸節度使⑤。就是步入中唐以後，大臣往往以供奉官自居，此侍臣身份之名，乃不容他人所忽視。

《唐會要》卷五十六、太和三年(八二九年)五月條：

左拾遺舒元褒等奏：今年四月，左補闕李虞與御史丞溫造，街中相逢，溫造怒李虞不迴避，逐提李虞祇承人車從，送臺中禁身一宿，決脊杖十下者。臣等謹按國朝故事，供奉官行，除宰相外無迴避，今溫造棄朝廷典故，陵陛下近臣，恣行胸臆……拾遺補闕，官秩雖卑，乃陛下侍臣……俄臣見凌，是不廣敬。

由此觀之，初唐發展出來之兩省供奉官，其概念頗爲廣泛。雖然已經脫離「供奉」之一般含意而逐漸歸屬於兩省官職之名下，然而多用於朝班時之班序制度，實爲一種虛銜性質。就供奉官名稱本身，未具實質之官職。但是，這情況到了唐中期以後即出現了巨大之轉變。宦官活躍地由內廷之勢力延伸至外廷，使其原來在內廷供奉之意義得到提昇，成爲新興之供奉官，擁有既管內廷兼責外廷之較名顯官職。

(二)中唐以後供奉官職之演變

中唐以後，宦官勢力迅速增長，侵食了外廷權力。原來很多應爲外廷官員掌管職責，現在則由宦官干涉。誠如嚴耕望《唐代行政制度論略》一文指出，唐代前期中央之行政制度，主要由三省、六部、九寺、諸監、諸衛等行政機構執行。以宰相機關之政事堂與尚書省屬於上層之政務機構，而以下層之九寺、諸監、諸衛爲事務機構，以貫徹政令之製定與推行。安史之亂後，諸司使之大量出現，徹底打破上下分層負責之方式，尚書六部、九寺、諸監、諸衛之組織雖然存在，但只成爲閒散機關，諸司使兼攬政務與事務兩層職權；既掌政令釐定與頒發，且設置直屬業務機關，可以直接指揮監督，故諸使職權比原來尚書權力還大，緊握中唐以後軍政之命脈。（《新亞書院學術年刊》第十一期、頁三三—四一）

供奉官職能轉變，與宦官受重用關係密切。其間之轉捩點，必在玄宗。

《冊府元龜》卷六六五、內臣部・總序：

（中宗時中官）衣朱紫者尚寡。明皇尊重宮闈……至於持節討伐、奉使宣傳……殿頭供奉、監軍……率以中人司之。

玄宗以後，各種臨時差遣之職使陸續出現。例如開元二十年（七三二年），即以宦官何行成爲討擊渤海國軍兵于登卅⑥。又以中使監察迴紇邊情⑦，開任使之風氣。計玄宗時更有一人即領四十餘使之情況⑧。這樣，便由最初之差遣而變爲較固定之使職。

《冊府元龜》卷六六五、內臣部、總序、恩寵：

蓋唐室中葉之後，諸司諸使多以中人主之，如宣徽使、閤門使、內弓箭使、鴻臚、禮賓等使、內教坊使、五方使、學士使、糧料院、館驛等使。（頁七九五六）

經歷玄、肅、代之中唐時期而進入德、憲、穆期間，內諸司之系統基本完成。內諸司下以宣徽院爲統攝眾使之機關，其首長爲宣徽使，掌其下諸使之名籍，形成一種在律令官制以外之新型官制。關於內諸司使之成立經過，拙文「唐代における內諸司使の構造——その成立時點と機構の初步的整理」（《東洋史研究》第五十卷四期）曾作基本分析。內諸司使成立之大前提，在於中唐以還，帝王之起居與政治中心由原來之西內太極宮轉移到東內大明宮，宦官遂成爲主要服侍於大明宮及其周圍之權力工具。高宗龍朔年間始以大明宮爲養病之所，至玄宗以後才積極將大明宮改變爲政治決策中心，陸續成立眾多之內諸司機構。宦官之稱爲「東頭供奉官」者，或泛指侍奉於東內大明宮之小使總稱；至於「西頭供奉官」則爲原來行走於西內太極宮之小使總稱。這些宮廷小使皆屬宣徽院所管，成爲內諸司使以下，級數較低之令外小官，有事則供差遣於外，故其使臣之性格，甚爲鮮明。

㈢晚唐時期三班制度之萌芽

唐中期以後，宦官之各種供奉形態已趨完備。至憲宗時，宣徽院統轄下之供奉官相當活躍。就官位而言，供奉官顯然不高，然而作爲帝王之親信，又具有特殊之聲望。

《冊府元龜》卷一〇一、帝王部、納諫：

（憲宗元和）九年十二月，釋下邽縣令裴寰之罪，仍故本縣視事。初每歲冬，以鷹犬出近畿習狩謂之外按，宣徽院供奉官爲其使令，徒衆數百，或有恃恩恣横，郡邑懼擾，皆厚禮迎犒之，恣其所便，止舍私邸，百姓畏之如寇盜，每留旬月，方便其所。是年冬，行次下邽，寰嫉其暴，但據文供饋使處公館，杜其侵擾。使者歸，或譖寰有慢言，帝大怒，將以不敬論，宰臣武元衡等於延英懇救理之……帝怒稍解，初令書罰，翌日釋之。（頁一三一〇）

上述史料，提供了重要線索：⑴憲宗時，宣徽院下之供奉官，其人數必在百數以上。⑵供奉官侍奉範圍已超越了禁廷以外；由於得帝王寵信成爲帝王在外間之耳目。到了穆宗時，隨著供奉官之不斷增多，其組織日形擴大，遂發展出類似供奉官之其他名目。

《資治通鑑》卷二四三、長慶三年（八二三年）夏四月丙申條載：

賜宣徽院供奉官錢，紫衣者百二十緡、下至承旨有差。

就官職之大小而論，顯然供奉官為三班官之首班，承旨官則為至小，故書於末。至於三班官中之殿直，其成立時間是否於長慶時期與供奉官、承旨同時應運而生，頗難判斷。《通鑑》所載或從簡，故只略記首末之官，不言中間之殿直⑨。觀所謂「殿直」，具有於帝王御殿供奉，承傳上旨之意。故相信與「供奉」、「承旨」之官，性質上相距不遠。梁承唐制，於開平初已見三者名目並存，則殿直成立之下限，亦不會遲於唐末梁初。

三班官制孕育於唐代，以供奉官之職發跡至早，文宗時已得到進一步之發展⑩，其地位特殊，多有自恃恩寵，鋌而走險，由是杖配者有之⑪。然而若能安份守己，為帝王心腹，則頒賜尤多⑫。至昭宗時，帝王對外之宣賜旌節，已成為供奉官之其中要職⑬，無疑是帝王對外主理政務之代言人。

由此觀之，三班名目之興起，除了可從單純之宦官權力入侵外廷以解釋外，其更深一重意義，實在於帝王欲建立一套新興監察系統，以彌補因中唐以後中央所出現之權力鬆馳現象。自德宗開始，以親近來出任地方監察職務之觀念，已開始形成，只是那時尚以兩省之供奉官，兼為台職之監察而已。

《唐會要》卷廿五：

（德宗）貞元二年九月……緣御史多帶兼官，今請兼大夫者……在供奉官五品之下，兼中丞者……在供奉官五品之下，……兼侍御史者……在供奉官五品之下，……兼殿中監察者……在供奉官本品之下，……仍舊例準入辭見。（頁四八五）

再觀台院、殿院、察院之職責：侍御史旨在「糾舉百寮及入閤承詔，知推（掌推鞫）、彈（掌彈舉百僚）、公廨、雜事。」殿中侍御史則「掌殿庭供奉之儀，京畿諸卅兵皆隸焉。正班，列於閤門之外，糾離班、語不肅者」。監察御史則「分察百寮，巡按卅縣，獄訟、軍戎、祭祀、營作、太府出納皆莅焉……」⑭。這些職責，到了唐末以至五代，已經顯然成爲三班官工作之範圍。新興之三班官遂成爲取代外廷監察機關下之帝王耳目。唐代自踏入中期以後，於國勢觀之，固然漸陷於衰弱不振之地步，然而，從帝王權力慾之擴展角度而言，三班官之出現卻代表著君主集權之進一步加强了。

二、五代三班官制之擴充下與其軍制之接合現象

三班制度，在唐末已具雛型，到了五代其制度得以進一步擴充。五代乃政治動亂之時代，究竟三班制度如何能迎合戰時之需要，是本文欲探討之方向。研究五代之三班官制，使人至感興趣之問題，在于三班官職之武官化現象上。很明顯，三班官制者追索其源流，來自兩省之供奉官，其後外廷勢力爲內廷侵削，遂成爲宣徽院下特有之政治制度，但是無論是唐代之那個時期，三班官並非武官。宋初則明顯地將之列於武班，成爲至底層之寄祿小官。故此，對於三班官武官化之趨勢，之間出現了一段空白時期。歷來爲較少人所注意到。故下文將從三班官制度之擴充，以至於與軍事系統發生接合作用，嘗試解五代三班官武官化之現象。

關於三班官制發展及其與軍制發生接合作用未見學者深入論述。王曾瑜在其《宗朝兵制初探》一書中，對五代軍制追索論述頗見心得，然而未見其討論三班官與親軍關係⑮。小岩井弘光《北宋の使臣について》一文，雖略述了承旨、殿直、供奉官之升遷現象，然未系統性建立三班制理論，亦未提出與軍職關係⑯。友永植在其《唐、五代三班使臣考》一文中，索性將三班制度之「都知」、「副都知」、「押班」之關係列爲不明，未進一步推論⑰。反而菊池英夫在其《後周世宗の禁軍改革と宋初三衙の成立》一文中，有較大之啓示，認爲世宗所建立之殿前親軍，很大程度上乃雜用了當日之親從官，例如內廷之控鶴官，即成爲日後親軍中之控鶴軍。其於內班殿直亦略見述及，惜非全文之重心所在。對於後周以前三班官制之全體發展，未能兼顧⑱。故此本文嘗試在以上各人之基礎上加以推論，企圖重建五代之三班官制之原來面貌，進而說明當日三班官武化之蹟象，實能從其與軍事系統接駁之一環中顯示出來。

㈠五代三班制之擴充

終唐而踏入五代，三班制度基本確立。在這段時期，三班官人數尚不多，主要之區別在各部之職名上，分別爲供奉官、殿直、承者，在此種排列的形式上已表示了三者職位之高低，但是其級別之差異並不明顯，某些史料上常出現職名之互用，例如後梁時期史彥群之出使燕，《資治通鑑》則謂其「受旨」，《考異》則謂其「供奉官」⑲。至於後梁開平二年（九〇八年）詔令中，對三班官之稱謂排行，則以「供奉官、受旨、殿直」之形式頒佈⑳。故此，三者關係雖有等級之別，然而唐以後彼此關係密切，可視三班官爲三種平行發展之官職。直至後晉時期，殿直與承旨始正式分家㉑，供奉官遂正式分爲殿直、承旨之轉遷對象㉒。此乃基層之三班官發展大概。

另一方面，唐末三班官制之上，逐漸出現了多層建築之蹟象，打破原來平面之關係。首先出現變化的爲供奉官，唐中後期開始分置了東頭供奉官與西頭供奉官㉓。其分化之原因，如前所述，是由於「人主多居大明宮，別置官，謂之東頭供奉官，西內具員不廢，則爲西頭供奉官」㉔。宮廷之增置，令供奉官之人數不斷增加，爲了更有效之加强管理，故此進一步之分門是有其必要性的。到了後梁時代㉕，供奉官仍承襲著「東頭」與「西頭」之分野。

後梁在供奉官制度之擴展上未見新意，很大程度是受制於後梁統治者對內廷機關之保守態度㉖。後唐則一反前代作風，對三班官加以任用，故此，三班制度得以進一步擴充。這段時期，供奉官已經可分爲兩類：其一爲殿頭供奉官、其次爲禁中供奉官㉗。說明後唐統治者不單承繼後梁以外廷心腹爲差遣之習慣，更有意重振以宦官爲主之內廷系統，成爲內供奉官㉘，或者是內殿直㉙，具有內宿直班於禁中之意。但一般情況下，所謂供奉官與內供奉官、殿直與內殿直，二者接受差遣之工作性質差異不大，只是以「內」字來分別是否宦官身份或加强親從意味而已㉚。

除了供奉官以外，在後唐時期，殿直與承旨亦出現了部門之分劃。後唐莊宗同光年間陳思讓即任右班殿直之職㉛，顯然在後唐莊宗時已分爲左、右兩班。在後唐明宗天成年間，王彥昇也出任東班承旨之職㉜，同樣道理，承旨於明宗時期即已分爲東、西兩班。由此可見，後唐是造就三班官制度發展之重要時刻，其供奉官、殿直、承旨已歸屬於不同的班。「班」的作用，很大程度上是方便管理，且有輪番當值之原意。從後周時期某些史料仍稱呼殿直爲「右番殿直」與「左番殿直」㉝，多少保留了這種意義。

到了後唐末帝清泰以後，在供奉官、殿直、承旨中逐漸出現鮮明之等級制度，其中可供觀察到之長官有三，分別爲「都知」、「副都知」與「押班」。

後唐清泰元年，趙處願即任「殿直承旨都知」之職㉞。前文曾經略述，由後梁發展至後晉，殿直與承旨之關係甚爲密切，「殿直」原來之名稱爲「殿前承旨」㉟，本已具有「承旨」之意。趙氏所任之都知，是「殿直」、「承旨」並稱，其間原因，或在於殿直與承旨雖各自分班，然而由於還是發展之初期，故各班數、人數不多，可以一併管理。加以彼此職能相差無幾，以此易於稱呼。其後經歷後晉，三班人數大幅度增長㊱，殿直與承旨班便要特別分清，以方便管理。故此，到了後漢時期，例如乾祐二年（九四九年）張盛所擔任之「殿直都知」㊲，便很明顯在稱呼上與前者有所區別。到了後周顯德初年，「都知」之長官制度在三班官中確立。在供奉官方面爲「供奉官都知」或稱「供奉都知」㊳，其副貳爲「供奉官副都知」㊴。在殿直方面爲「殿直都知」㊵，其副貳爲「殿直副都知」㊶。在承旨方面爲「都承旨」㊷。雖未見有副貳「副都承旨」，然而觀察供奉官與殿直之發展，其成立之可能性很大。

表一　唐末至宋初三班職名發展簡表

唐末	黃巢	供奉官都知				
	光啓	內供奉官				
梁	開平	供奉官	開平	殿直	開平	承旨
	開平	東頭供奉官				
唐	同光	內供奉官	同光	右班殿直	天成	東班承旨
			清泰 1	殿直承旨都知		
			長興 3	內宿殿直		
漢	乾祐 3	供奉官押班	乾祐 2	殿直都知		
周			廣順 2	右番殿直　左番殿直		
			廣順(初)	左班殿直副都知		
				內殿直小底四班都知		
	顯德 1	供奉官副都知	廣順	內殿直押官	顯德	都承旨
				東第二班副都知		
宋	開寶	內殿供奉官都知			太平興國 1	東西班承旨
	建隆 2	供奉西頭官都知				

至於「都知」、「副都知」以下，在供奉官、殿直、承旨以上，有「供奉官押班」。張永德於後漢乾祐三年十一月時乃任「供奉官押班」之職㊸。到了後周廣順初年，則轉遷爲內殿直都知㊹。顯示了兩個重點：首先，「供奉官押班」職級必在「都知」以後。三班官員之轉遷途徑，未必在既定之本班內進行。承旨、殿直，故然向著供奉官職升遷，然供奉官之繼續轉遷，則亦有轉向其他殿直班之可能。也可反映殿直班，尤其是「內殿直」一班，於進入後周時，地位日漸提升，成爲後來世宗揀選用以接駁親軍之對象。

關於上述三班官制擴展之情況，於表一作一簡單列明。其間有虛線部份表示史料提供之單方面現象，方便作合理之推論。

㈡三班官制與軍制之接合現象

上文已約略交代了後周世宗軍制改革以前，三班官制度已發展至成熟地步。今再從縱線發展觀察三班制如何與軍制發出接合之作用。

三班官自後唐以後，主要組成之基礎在「班」。所謂「左班殿直」或「右班殿直」，其實就是用以說明分隸於不同之班中。就是「左班」與「右班」、「東班」與「西班」，其概念也較籠統；嚴格而言，應細分究竟是「左第一班」或者是「左第二班」，「右第一班」還是「右第二班」。只是爲了方便稱呼，棄繁從簡而已。例如張永德爲「內殿直都知」，《宋史》則稱之爲「內殿直小底四班都知

表二　五代殿直/內殿直本班基層之發展簡表

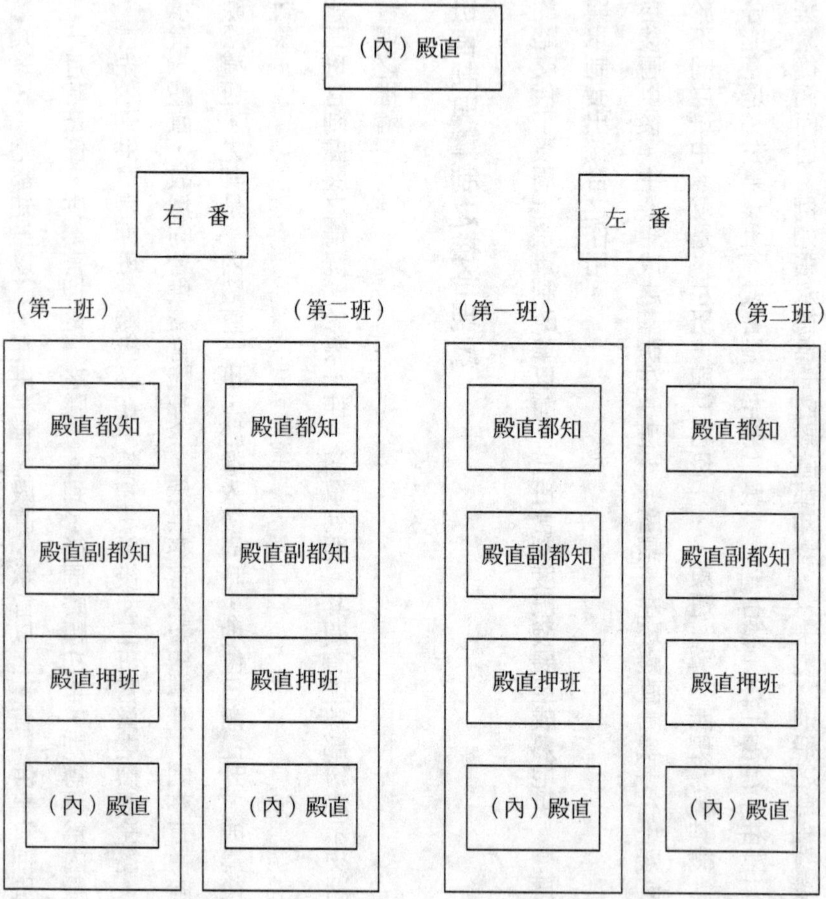

」㊺。又例如郭守文，後周太祖廣順初爲左班殿直，後轉升爲「東第二班副都知」㊻。可見在「左班」和「右班」，「東班」和「西班」內有著若干不同之小班。唯「都知」所管之「班」有時是多於一班，有時只管本班而已㊼。至於「副都知」情況，與「都知」相同。韓重贇在後周太祖廣順初爲「左班殿直副都知」㊽，亦即在左班殿直下若干班中，副管一班或以上之小班。而「押班」則是在都知與副都知之管轄下「押第一班」或「押第二班」。關於都知、副都知、押班與「番」、「小班」之管領關係。如表二所列。這種情況，同樣可應用到供奉官與承旨上。「東班承旨」也就應有「東第一班」、「東第二班」；「西頭供奉官」也有西頭一、二班了㊾。

在殿直或內殿直組成若干班後，不斷吸納人數，小的班便漸次成爲大的班，再在擴展出來之大班分爲若干小班，如此不斷之擴充與分化，逐漸成爲日後之「殿直班」或「內殿直班」。一般人常對「內殿直」有著一種誤解，以爲「內殿直」由始至終乃屬於親軍名下之班號，乃後周世宗建立殿前親軍時所首創。其實並非如此。「內殿直」班成爲親軍名下之班底以後，確實從此向軍職發展，漸與原本之殿直意義不同。然而，在世宗建立親軍以前，內殿直與殿直班早已存在，並且迅速發展，成爲世宗組制新軍時可供參考之現成藍圖。內殿直所以較諸殿直具飛躍之發展，其原因大抵由於在內殿侍候，爲帝王之親從、內侍，故此視爲心腹，其關係比外殿的，即殿頭之侍官爲密切㊿。

事實上，在後晉與後漢之間，內殿直已發展至接駁軍班之地步。例如羅彥瓌，在後晉時爲內殿直，因爲宣慰大名府有功，在少帝時已轉遷爲興順指揮使，至漢祖時擢爲護聖指揮使(51)。又如王彥昇，

表三　五代三班結構完整下之職官簡表

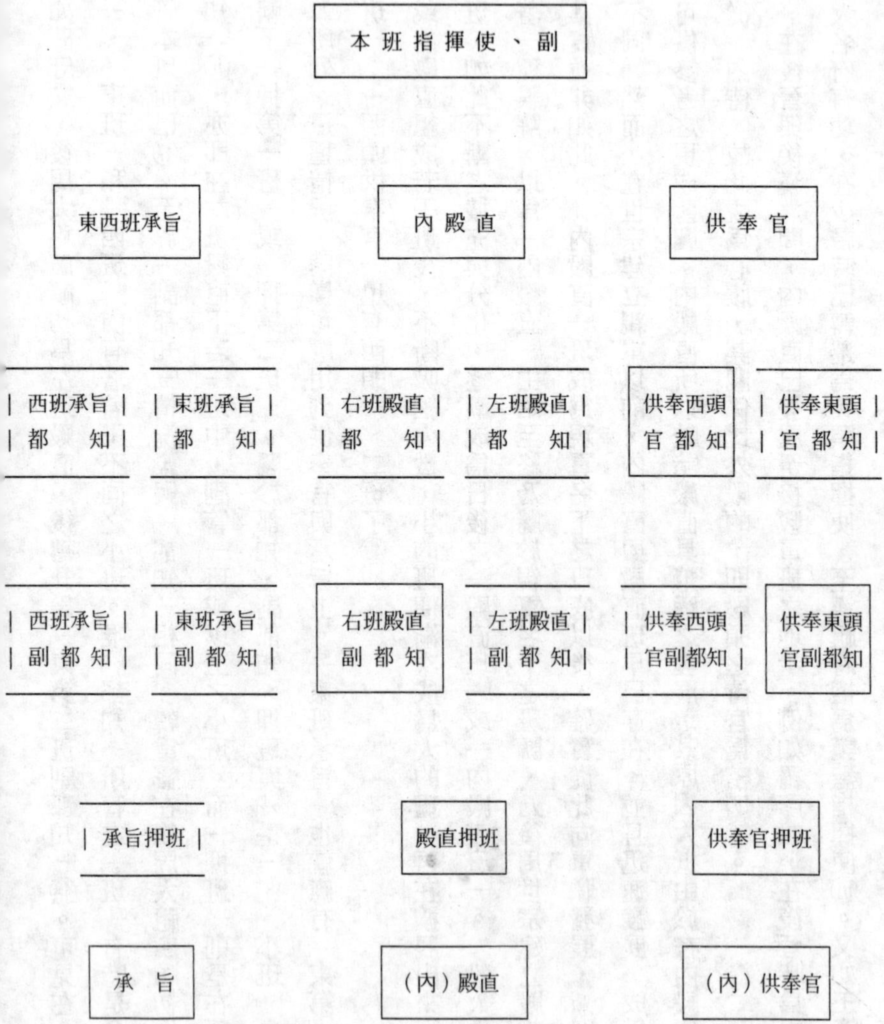

後晉時由東班承旨轉遷內殿直，與羅彥環齎詔納城有功，在少帝時已遷爲護聖指揮使㊾。可見內殿直與軍制接合，並非後周世宗時期始發生。後晉至後漢間，三班官制已經與軍制下「本班」之指揮使接合，爲五代三班制度擴展下之必然趨勢。如表三所示，虛線部份是從上表之基礎推論而來。

以上皆從三班制度由下而上之方式加以論証。今試從軍制發展之由上而下角度推論其接駁之方法。就觀察所得，軍制與三班結合之形式，與中央親軍吸納地方諸軍所呈顯之形式甚爲相似。今從後唐中央之羽林軍作爲研究之個案，說明上下之吸納關係。

宋代之三衙精神，源於五代之殿前親軍與侍衛親軍，而二者倣效之對象無疑來自後唐以後之中央羽林軍。後唐長興二年（九三一年）二月，「敕衛軍神捷、神威、雄武及魏府、廣捷已下諸軍改爲左、右羽林，置四十指揮，每一指揮爲一軍，每一軍置指揮使一人，兼分爲左、右廂」㊿，如表四所示。長興三年（九三二年），又將左、右羽林軍易名爲「嚴武」51，成爲中央主要之軍力。下表所列，顯示了一支中央軍吸納其他軍力，成爲自身系統下之軍事單位。嚴衛軍吸納多方軍力後分成四支主要軍力，分置於左、右廂加以統轄。在右廂與左廂各管若干軍。每軍以下管各小軍班。每軍皆設有其軍都指揮使（由原來之指揮使擴充而來），史書中常提及之「軍校」，乃指著這一階級。在各個小軍班又設一指揮使。一般而言，形成由本班指揮使，而軍都指揮使，而廂都指揮使之級序。這種上下級排列之形式，與控鶴軍很相似。

控鶴軍之整體結構，雖史料無直接記述，然而從將領之任職，可了解其大概。例如後周太祖廣順

表四　殿前親軍與羽林軍之發展規律簡表

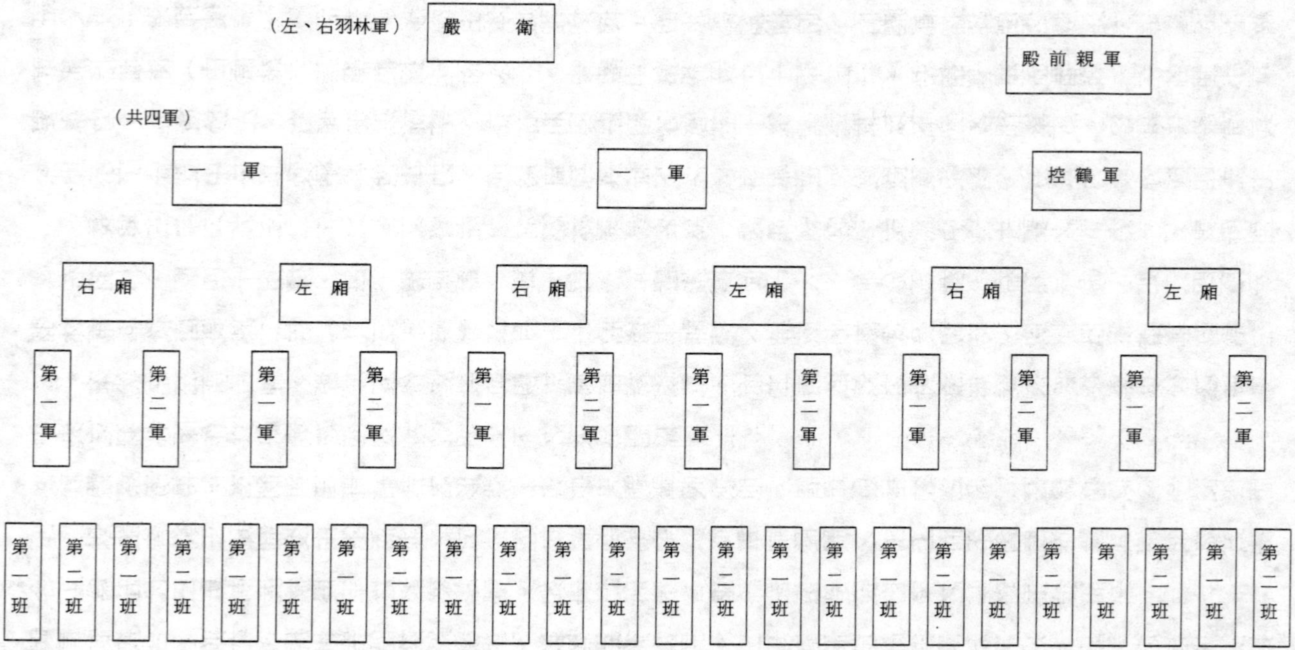

初，韓令坤即曾歷「控鶴右第一軍都校」⑤，又王審琦先後由「鐵騎都虞候，轉本軍右第二軍校」再轉「控鶴右廂都校」⑥。在控鶴軍中，明顯地亦分爲左、右，應該就是左廂和右廂。在左廂和右廂中，亦分爲軍都指揮使，以「左廂第一軍」或「左廂第二軍」命名。至於「廂」之單位中，亦有本廂之都指揮使，稱爲「控鶴左廂都校」或「控鶴右廂都校」。觀上列簡表，若將嚴衛軍下之四軍制度，與殿前親軍下控鶴軍作一比對，不難覺察二者發展之相同規律。五代之中央軍，本來就是通過不斷吸納多種軍力而成之龐大集團。而被吸納之軍力，很大程度上本來是一支小軍，通過不斷之擴充而成爲大軍，進而分爲左、右廂，本班指揮使，可成爲軍都指揮使，進而成爲中央軍事架構的一部份。這種基層被上層吸納情況，正好說明三班官制從最初簡單之劃分，進而擴充，最後被接駁于軍制上之特殊環境。

在控鶴、內殿直還未吸納進殿前親軍成爲一軍以前，其存在之形式以「班」爲主，乃列於內殿之侍官。大抵須輪番當值，故往往以「番」或「班」作稱呼。與內殿直發展相似，控鶴官本爲近侍小官，在唐之中晚期出現⑤，歷後唐、後晉時期，漸次發展出「班」之制度⑤。再由諸班中組成一支本班小軍，由諸小軍班組成一大軍，再分以左、右廂。觀乎羅彥瓌、王彥昇在晉、漢期間昇遷之例子，顯示了本班之指揮使單位，是緊接著殿直班而居於其上者⑤。故此，在殿直班或控鶴班之本班上發展出軍制，也是必然之趨勢。

至於殿直都知之「都」，逐漸成爲軍制發展的一部份。如「都知」、「都頭」，在本班指揮使之

表五　殿直軍吸納殿直本班之簡表

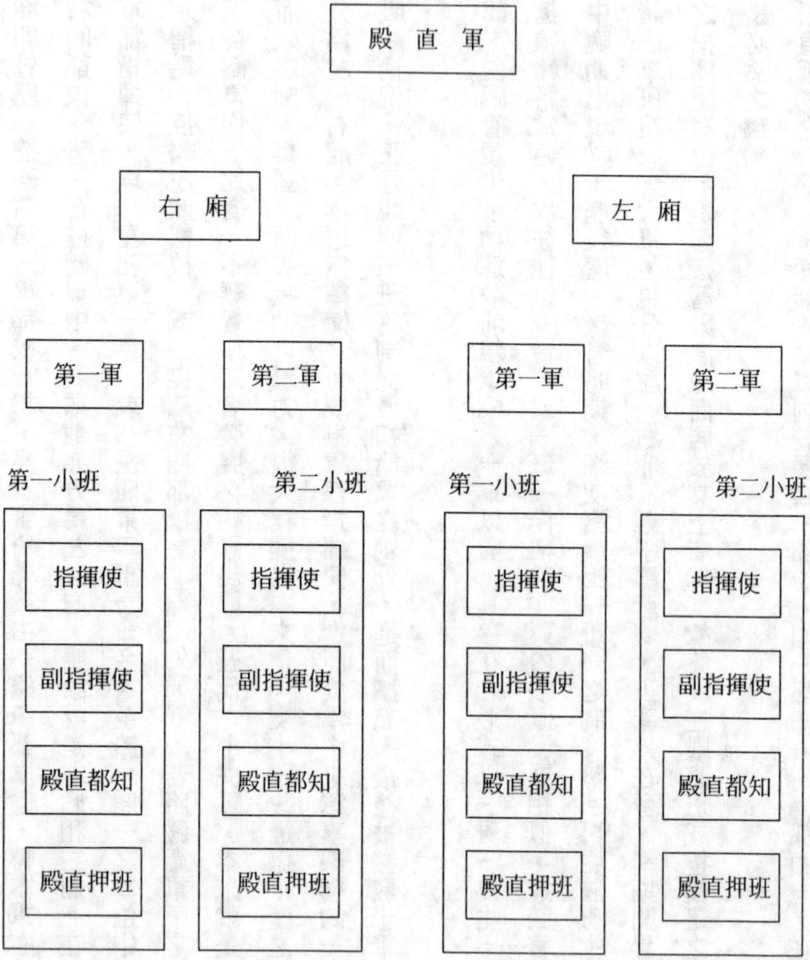

表六　控鶴軍吸納控鶴本班之簡表

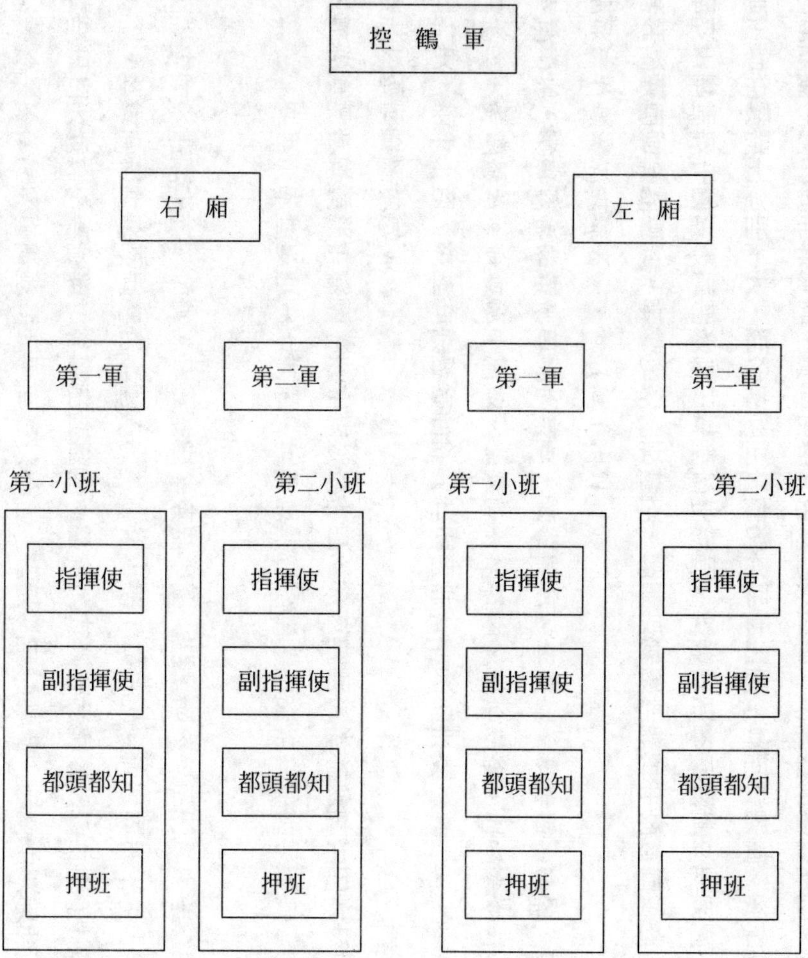

下[60]，其人數本來不多，隨著軍制之發展而漸次增加。後梁時期之韓瑭，即以右天武都頭遷爲神捷指揮使；胡賞則由左天武第三都頭遷右神捷指揮使[61]。顯然五代之都頭管轄之形式是「左第一軍」或者「右第二軍」，其管理方式與殿直都知分別不大。再在「都」以下，又有「押官」、「承局」等不同類目[62]，而「押官」無疑是押班之官，層層遞進，條理分明。如表五、六所示，分別爲殿直軍與控鶴軍之發展大概。

由以上推論，可知三班制度到了五代時，其擴展甚爲迅速，不但在供奉官、殿直、承旨上發展其上層架構，更逐漸朝向軍職系統發展，產生接駁之作用。後周期間，統治者再在已有之基礎上加以強化，成爲强大之殿直軍系統[63]。

《舊五代史》卷一一四、後周世宗顯德元年（九五四年）十月己未條：

> 是日大閱，帝親臨之。帝自高平之役，覩諸軍未甚嚴整，遂有退卻。至是命今上一概簡閱，選武藝超絕者，署爲殿前諸班，因是有散員、散指揮使、內殿直、散都頭、鐵騎、控鶴之號……由是兵甲之盛，近代無比……。（頁一五二二）

可知無論是殿直官或控鶴官，最後皆從本班擴充，發展成爲殿前親軍中之殿直軍與控鶴軍。

至於何以三班制度中獨以殿直能發展出軍制之功能呢？就觀察所得應該有以下原因：(1)供奉官、殿直、承旨三者在職能上分別不大，而名稱互用之情況亦時有出現，其間以殿直、承旨尤爲接近，故此在殿直之發展裡，或已包括供奉官、承旨在內。(2)就制度而言，三者職名雖然不同，然而在三班官升遷之立場而言，供奉官與承旨，往往從本班轉昇至殿直班內，三班官之身份之相互轉化，可視之為一整體對軍職之接駁。(3)殿直班發展比承旨班、供奉班較容易至成熟地步。殿直班與承旨班分離後，成為帝王至親近之侍從官，呈現較活躍之狀態。供奉官在三班中，主要任職對外之事務，諸如監軍、出使、巡檢押物，其間任務繁多，故此使職角色較重，未如殿直具充份機會，從事本班軍制之建立。

以上諸現象，造成三班官中之殿直班，一支獨秀地發展出軍事系統。而供奉官、承旨之職官到達「都知」以後，即轉遷進殿直之更高職位上。唯後周世宗以殿直軍吸納進殿前親軍系統後，「內殿直」即成為親軍制中之番號，漸與侍從原意之本班徹底分離，而此番號以外，重設內殿直或殿直之侍從官。至於承旨班，其早期之發展依附在殿直內，故起步較遲。至後周世宗時始見「承旨都知」或稱為「都承旨」之上層架構。但相信在後周末年，承旨班發展迅速起來，成功地吸納進中央之禁軍系統內，建立「東西班承旨」之番號了[64]。從三班制度之擴充及其與軍制之接合角度而言，以觀察其武官化之趨向，似乎又得較新之解釋。

三、五代三班之職責類別

三班制度得以確立，在很大程度上乃為了强化中央之監察能力，以便控制日形鬆脫之地方權力，執行過往台省之職權。及至五代，三班官之職責更顯得多樣化。作為個別割據之地方軍閥政權而言，既未有充份力量控制全國，復於下屬之控制往往只能採取羈縻性質。故此，五代所建立之皇權，常處於受地方權力之不安狀態。爲了解決上述之憂慮，個別之統治者紛紛加强其中央對地方監察之能力。而三班官在這種時代形勢下，得到進一步發展，漸由監察之目的，伸展至各種不同之任務。關於五代三班使臣活動性質之探討，日人之研究起步較早。小岩井弘光《北宋の使臣について》一文，在追溯使臣之淵源時略見述及，然未具系統。較專長討論此方面者，以友永植爲主㊺。對於五代三班使臣之職責分析，本部份是在前人已有之研究基礎上，作資料性之補充，並加以分類。又各資料互見處，列表說明，以供日後參証。

三班官之職責，發展至五代可謂多姿多采。三班官本爲內廷活動之親從侍臣，由於政情之變化頻繁，三班官遂負起了代表中央帝王之意願，從事各種地方之差遣工作。以職責之類別而言，約可分爲六大項：⑴代表帝王耳目之特務活動。⑵代表中央對外之建交活動。⑶戰時之軍時行動。⑷戰時之撫恤活動。⑸地方性之常衛活動。⑹地方性之雜務活動。茲分述如下：

㈠代表帝王耳目之特務活動

1.暗殺與處決行動

帝王權力能否達諸四方，很視乎地方官員對既定權威之承認與否。對於不順命或直接危害皇權之勢力，帝王極欲通過私人任命之方式加以翦滅，從而彰顯其威嚴。三班使臣遂成爲執行暗殺或處決行

表七

朝代	年號	年　　月	人　物	職責內容	有關資料	有關資料	有關資
後梁	乾化	二年六月	（供奉官）丁昭溥	弛至東京，密令友貞害博王友文。	舊五代史卷8・頁113		
後唐	天成	元年正月	（供奉官）李　環	與李從襲等人謀害郭業韜，撾碎其首。	通鑑274頁8955		
後唐	天成	元年三月	（供奉官）景　進	帝聽其言，敕往誅王衍。	通鑑274頁8970		
後唐	清泰	元年四月	（殿　直）王　巒	往酖殺閔帝不遂，巒縊殺之。	通鑑279頁9116		
後漢			（供奉官）孟　業	令齎密詔，使洪義殺王殷。	通鑑289頁9432	舊五代史106頁1400	宋史252頁8854
後周	廣順	三年三月	（供奉官）蔣光遠	貶死王峻于商州。	舊五代史卷130頁1715		

表八

朝代	年號	年月	人物	職責內容	有關資料	有關資料	有關資料
後唐	天成	三年七月	（殿直）崔處納	押契丹僞刺史及骨肉處斬。	冊府997外臣征討六頁11594		
後漢	乾祐	三年正月	（供奉官）張銖	押逆臣首級，處斬同惡于市。	五代會要卷五頁78	冊府435將帥獻捷二頁5172	
後周	廣順	元年二月	（供奉官）李演	斬逆命將較。	冊府435將帥獻捷二頁5172		
後周	（世宗）		（都承旨）曹翰	誅殺孫晟及其從者二百。	舊五代史卷131頁1734		

動之帝王特務。唯暗殺與處決二者略有不同。前者常發生於形狀可疑而事態未發之情況下，出於帝皇或者是帝王身近權力官員之推測，牽涉私人之動機。後者雖亦爲執行帝王意旨之特殊任務，然出於事發以後，故此名正言順，執行時不須要太大之保密性。今先述暗殺之行動。

《舊五代史》卷八、後梁乾化二年（九一二年）六月三日條：

> 庶人友珪弒逆，矯太祖詔，遣供奉官丁昭浦馳至東京，密令帝（友貞）害博王友文。（頁一一三一一四）

郢王友珪曾在梁太祖以後建立過短暫政權，這段資料顯示了太祖晚年一幕宮廷之權力鬥爭。郢王爲太祖之第三子，素忌次假子博王友文之得寵，故此圖謀叛變。供奉官固然未知眞相，然而卻代表著帝王之心腹，履行暗殺之密令。茲列表見表七。

至於處決行動，亦往往由三班官員執行。此種情況，一般較適用於對外戰爭之翦滅過程，事機發生後，反抗勢力不幸已成階下囚徒，故此公然誅殺，有助帝王之聲威彰顯。

《冊府元龜》卷九九七、外臣部、征討六、後唐天成三年（九二八年）七月條：

> 殿直崔處納押契丹僞平州刺史羽厥律以下一百七十人至，內十七人，有骨肉識認，餘分於兩橋斬之。（頁一一五九四）

《冊府元龜》卷四之五、將帥部、獻捷二、後漢乾祐三年（九五〇年）正月條：

> 鳳翔行營都部署趙暉奏，前月二十四日收鳳翔，逆賊王景崇舉家自燔而死，請供奉官張銖押逆

賊王景崇首級，幷同惡周璨至闕下，獻俘馘命狗於六街，磔於兩市。（頁一五七二）

如表八所列。

2.外間軍政之探報

帝王深居宮內，爲了維持對外局勢之認識，加强中央對地方上之控制，必倚重親近侍臣對外間之探報。在五代動蕩之歷史環境中，軍事之優劣勝敗至能影響政局之穩定與否，三班官遂往往成爲軍前之走馬，隨時匯報地方之軍情，使帝王能及時應變。如表九所列：

《冊府元龜》卷四三五、將帥部、獻捷二、後梁開平三年七月（九〇九年）條：

殿直聶榮受自軍前走馬，奏收復丹州，生擒賊將王行思，致於行在。（頁五一六七）

《舊五代史》卷七九、後晉天福五年（九四〇年）五月戊申條：

……鄂州賊軍（李金全）陣於安陸之南……供奉官安友謙登鋒力戰……馳獻捷書，喝死於路。

（頁一〇四一）

《冊府元龜》卷四三五、將帥部、獻捷二、後周廣順元年（九五一年）十二月條：

供奉官梁乂奏，臣都領大軍至晉州，其劉學翌日焚燒，攻其砦柵，棄甲遁去，臣當時入城……

。賜梁乂錦袍銀帶。（頁五一七二）

除地方軍情之奏報外，對於地方上吏治之澄清，三班官亦賦予檢舉責任。

《冊府元龜》卷一五〇、帝王部、寬刑、後唐長興三年（九三二年）三月條：

表九

朝代	年號	年 月	人 物	職責內容	有關資料	有關資料	有關資
後梁	開平	三年六月	（殿 直）聶榮受	自軍前走馬，奏收復丹州。	冊府435將帥獻捷二頁5167		
後梁	開平	三年九月	（殿 直）王唐福	自襄州走馬，奏天軍勝捷。	冊府435將帥獻捷二頁5167	舊五代史卷五頁77–78	
後唐	長興	三年三月	（供奉官）張紹謙	奏靈武軍將私納官馬，多有不法。	冊府150帝王寬刑頁1817		
後唐	長興	三年九月	（供奉官）李 環	自西川使迴，奏西川節度使孟知祥實情。	冊府178帝王姑息頁2144		
後唐	長興	元年十月	（供奉官）張仁暉	自西川使迴，奏東川董璋叛。	冊府446將帥生事頁5297	舊五代史106卷41頁569	
後晉	天福	五年五月	（供奉官）安友謙	敗李金全軍，馳獻捷書，暍死於路。	舊五代史卷79頁1041		
後晉	開運	三年九月	（殿 直）王 巒	爲樂壽監軍，屢奏瀛，莫之可取。	通鑑285頁9311		
後周	廣順	元年三月	（供奉都知）孫仁安	馳奏收復徐州。	冊府435將帥獻捷二頁5172		
後周	廣順	元年十二月	（供奉官）梁 ④	報晉州兵亂邊情。	冊府431將帥獻捷二頁5172		
後周	廣順	二年四月	（供奉官）蓋繼明	報齊州兵亂邊情。	冊府140帝王旌表四頁1702		

殿直張紹謙奏：靈武節度使希崇，先借官馬十五匹，遣軍將裴昭隱等二人進納，其人質進奏官范順之隱留一匹，合抵極法。帝曰：不可以一馬而戮三人，笞而釋之。（頁一八一七）

而使臣對邊事之奏報，又不單限於本地，對鄰近政情之動向，也頗爲關注，隨時奏告圖邊建議。《資治通鑑》卷二八五、後晉開運三年（九四六年）九月丙辰條：

契丹使瀛州刺史劉延祈……請舉城內附。且云：城中契丹兵不滿千人，乞朝廷發輕兵襲之，己爲內應……（殿直）王巒與天雄節度使兼中書令杜威屢奏瀛、莫乘此可取……欲發大兵迎趙延壽及延祚。

總括而言，無論是處決、暗殺或對外奏告軍情，三班官皆代表帝王之耳目，以維持中央對地方之不時防範，徹底杜絕地方不順命之可能性。三班官無疑成爲帝王之親近特務。

㈡代表中央對外之建交活動

五代之帝王權力，除了後周一代特見强盛外，其餘皆處於極度不穩定之狀態下。對於地方較少規模之衝突，固然可通過强制性之行動加以撲滅。然而，對於中央以外某些不能輕視之勢力，正面而言，朝廷可通過和平、羈縻之方式加以聯絡，籍此使雙方承認對方之地位，成爲權力確立之基礎。就是反面而言，雙方關係並不明朗，外交活動亦有助洞悉敵情，不失爲上策。三班官既爲帝王之親信，也從事於穿梭之外交活動。

1.國外之出使活動

出使國外之活動，可稱爲交聘活動。出使之使者通常手持國書，在特定之名銜下，如國禮使或國信使，持貨與珍品而往，其活動之頻繁與否，視乎雙邊之關係與對等實力。五代政權與契丹活動關係尤爲密切，故此出使契丹幾乎成爲對外建交之主要目的。如表十所示：

《冊府元龜》卷九九〇、外臣、通好、後唐長興元年（九三〇年）十一月乙巳條：

供奉官周務謙，賚書國信，雜綵五百疋、銀器二百兩往賜契丹王。（頁一一五二一）

《資治通鑑》卷二八四、後晉開運三年（九四六年）七月癸酉條：

桑維翰屢勸帝復請和於契丹以紓國患……張暉供奉官，使奉表稱臣詣契丹，卑辭謝過。（頁九二九四）

《五代會要》卷二九、契丹、後周廣順元年（九五一年）正月條：

太祖復命尚書左丞田敏、供奉官蔣光遂銜命往聘。（頁四六一）

2.國內之出使活動

嚴格而言，五代建立政權所佔有之國土甚少，其間尤以晉、漢爲甚。所謂本國之國土，亦很難具明確介定。在中央之直屬州以外之藩鎮政權，中央本身已無法直接控制[66]。故此，就是在國內，中央一貫之態度，也是採取羈縻性之控制而已。諸如河北、兩浙、西川等地，已先後成功地獨立起來，只是在名義上臣服於中央。朝廷出使之目的，很大程度上是緩和雙方之衝突，承認各自之利益。

表十

代	年號	年　月	人　物	職責內容	有關資料	有關資料	有關資料
梁	貞明	六年 九月	(供奉官) 郎公遠	充契丹歡好使來聘。	舊五代史卷十頁144		
梁	開平	四年 十一月	(供奉官) 杜廷隱	爲國禮使、賜幣于夏。	舊五代史卷五頁86	冊府216閏位征伐頁2592	
唐	天成	元年 九月	(供奉官) 姚　坤	赴契丹告哀。	冊府990外臣通好頁11519	舊五代史卷137頁1830	通鑑卷275頁8989
唐	天成	元年 十月	(供奉官) 李彥楷	出使雲南。	五代會要卷30頁478	冊府662奉使絕域頁7928	
後唐	天成	二年 四月	(供奉官) 李　楷	持國信，賜雲南國王。	冊府990外臣通好頁11520		
後唐	長興	元年 十一月	(供奉官) 周務謙	賫書國信、押財貨往賜契丹王。	冊府990外臣通好頁11521		
後唐	應順	元年 正月	(殿　直) 西方璟	入契丹復命。	冊府990外臣通好頁11521		
後晉	(初)		(供奉都知) 劉重進	從其習契丹語，應募使北邊。	宋史卷261頁9044		
後晉	天福	三年 十月	(供奉官) 張匡鄴	爲國信使往于闐。	五代會要卷29頁461		
後晉	天福	六年 九月	(供奉官) 李延業	以時果奉於契丹。	冊府990外臣通好頁11522		
後晉	天福	六年 十一月	(供奉官) 李仁郭	契丹遣使，使同到闕見。	冊府990外臣通好頁11522		
後晉	天福	七年 三月	(殿　直) 馬延理	送櫻桃，使于契丹。	冊府990外臣通好頁11522		
後晉	天福	七年 六月	(殿　直) 張延杲	使于契丹。	冊府990外臣通好頁11522		
後晉	開運	三年 十月	(供奉官) 張　暉	奉表稱臣詣契丹，卑詳謝過。	通鑑284頁9294		
後周	廣順	元年 正月	(供奉官) 蔣光遂	銜命往聘契丹。	五代會要卷29頁461	舊五代史卷137頁1836	

表十一

朝代	年號	年　月	人　物	職責內容	有關資料	有關資料	有關資料
後梁	開平	元年四月	（供奉官）史彥璋	使燕冊劉守光爲河北道採訪使。	舊五代史卷135頁1804		
後梁			（供奉官）韓歸範	送旌節到平陽予昭義節度使。	舊五代史卷135頁745	冊府憲官彈劾三下頁6220	
後唐	天成	四年五月	（供奉官）烏昭遇	使于兩節錢鏐。	舊五代史卷133頁1768	冊府664奉使辱命頁7945	
後唐	長興	三年五月	（供奉官）李　環	使西川，諭昭孟知祥。	冊府178帝王姑息頁2143	舊五代史卷43頁594	
後唐	長興	四年五月	（供奉官）崔處納	使夏州，獎超臣服。	冊府439將帥要君頁5209		
後周	顯德	三年三月	（供奉官）安弘道	送唐主使歸金陵，持國書以曉諭。	通鑑293頁9548		

《舊五代史》卷一三五、後梁開平元年（九〇七年）四月條：

梁祖知其（劉守光）詐，優答之。仍命閤門使王曈、供奉官史彥璋等使於燕，册守光爲河北道採訪使。（頁一八〇四）

《舊五代史》卷一三三、後唐天成四年（九二九年）九月條：

供奉官馬昭遇使於兩浙，每以朝廷事私於吳人，仍目（錢）鏐爲殿下，自稱臣，謁鏐行舞蹈之禮。及迴，使副韓玫具述其事。（安）重誨因削鏐元帥、尚父、國號，以太師致仕。（頁一七六八）

從表十一所列之例，可見朝廷任使心態頗爲複雜，既知彼之奸詐，不能直接與之發生衝突，又不能過份謙和，以失朝廷國體。此種中央對地方之微妙協調關係，幾成爲五代外交活動之不變基調。

㈢戰時之軍事行動

在五代藩鎮割據之情況下，戰爭似乎是無法避免，地方上之藩鎮故然互相兼併，就是雄霸一時之朝廷，也要面對改朝換代之危機。在外交途徑產生不到如期之協調效果時，積極之對外軍事行動，成爲解決問題之實際方法。三班官代表帝王之意旨，時刻參與著軍事任務，其武官之性格，在這段紛亂時期中漸次孕育出來。其間包括了領兵、戰鬥、監軍與諭降等幾方面。

1.領兵與戰鬥

有關此類例子極多，詳見於表十二。

《舊五代史》卷五、後梁開平四年（九一〇年）十一月辛丑條：

先是，供奉官張漢玫宣論在壁，國禮使杜廷隱賜幣于馬，及石堡寨，聞賊至，以防卒三百人馳入州，既而大兵圍合，廷隱、漢玫與指揮使張初、李君用率州民防卒，與仁福部分固守，晝夜戮力踰月。及鄜、延援至，大軍奮擊，敗之。（頁八六）

《冊府元龜》卷一二三、帝王部、征討三，後唐長興元年（九三〇年）十二月條：

遣樞密使安重誨赴西面軍前……供奉官周務謙、丁延徽、陳審瓊、韓玫、符彥倫等　從重誨西行。（頁一四四七）

2. 監軍

《冊府元龜》卷二六九、宗室部、將兵、後唐同光二年（九二四年）三月條：

後唐魏王繼岌……詔充諸道行營都統……供奉官李從襲充四面行營中軍馬步軍都監……從魏王出征參預軍機。（頁三一九四）

《宋史》卷二七〇、魏丕傳：

世宗即位，改右班殿直……未幾，出監明靈砦軍。（頁九二七六）

如表十三所列。

3. 宣命諭降

《資治通鑑》卷二六九、後梁貞明元年（九一五年）四月條：

帝遣供奉官扈異撫諭魏軍，許張彥以刺史。彥請復相、澶、衛三州如舊制。異還，言張彥易與

表十二

朝代	年號	年月	人物	職責內容	有關資料	有關資料	有關資料
後梁	開平	四年十一月	(供奉官)杜廷隱	率防州三百人馳入石堡塞，晝夜固守。	舊五代史卷五頁86	冊府216閏位征伐頁2592	
後唐	同光	三年六月	(殿直)	率州兵千人抗虜。	冊府128帝王明賞二頁1544		
後唐	(明宗)		(供奉官)慕容彥超	幼習騎射，監臨奉使，熟於軍旅，稍遷軍職。	冊府846總綠善射頁10049		
後唐	天成	三年四月	(殿直)翟令奇	共十五人，領諸道軍伐定州。	冊府123帝王征討三頁1476		
後唐	長興	元年十二月	(供奉官)周務謙	與供奉官丁延徽、陳審瓊、韓玟、符彥倫赴西面軍前。	冊府123帝王征討三頁1477		
後晉	天福	六年正月	(供奉官)張澄	率兵二千討山谷吐渾，還晉舊地。	五代會要卷28頁451	舊五代史卷79頁1045	
後晉	天福	九年	(殿直)王巒	率勇敢士五十餘人，馳詣行宮。	冊府847總綠善射頁10064		
後晉	開運	(初)	(內殿直)王彥昇	契丹圍大名，彥昇率兵突圍而入，齎詔納城。	宋使卷250頁8828		
後晉	開運	三年十一月	(供奉官)耿彥珣	蜀施州刺史叛，遣之將兵討之。	通鑑285頁9315		
後漢	乾祐	二年三月	(供奉官)時知化	與供奉官王益部署牙兵三百徐赴闕以抗李守貞	冊府123帝王征討三頁1478		
後漢	乾祐	二年十一月	(供奉官)趙延希	共二十人參與討擊契丹之軍事行動	冊府997外臣征討六頁11596		
後周	廣順	元年四月	(殿直)王殷	率差夫二千以備攻城。	冊府66帝王發號令五頁742		
後周	廣順	元年十一月	(供奉官)翟守素	討擊敵軍，使其全軍敗陷有功。	冊府445將帥逗撓頁5285		
後周	廣順	三年九月	(供奉官)馬諤	討擊樂壽叛軍，敗潰之	舊五代史卷258頁1497-1498		
後周	廣順		(供奉官)曹彬	隸世宗帳下，從鎮澶淵	宋史卷258頁8977		
後周	顯德	(初)	(供奉官)李崇矩	少隸世宗帳下，從征高平。	宋史卷257頁8952		
後周	顯德		(供奉官)潘美	少隸世宗帳下，從征高平。	宋史卷258頁8990		

表十三

朝代	年　號	年　月	人　物	職責內容	有關資料	有關資料	有關資料
後唐	(明宗)		(供奉官) 張承業	爲河東監軍，夾城之彼，遣求援于鳳翔。	冊府815總錄城感頁9697		
後唐	同　光	二年三月	(供奉官) 李從襲	充中軍馬步軍都監。	舊五代史卷33頁457	冊府269京室將兵頁3194	通鑑273頁8937
後唐	清　泰		(供奉官) 張　鵬	累監軍旅，後爲前鋒監押。	舊五代史卷106頁1400		
後晉	開　運	三年九月	(殿　直) 王　巒	爲樂壽監軍。	通鑑285頁9311		
後周	顯　德		(右班殿直) 魏　丕	出監明靈砦軍。	宋史270頁9276		
後周	顯　德		(供奉官) 王晉卿	北征時爲先鋒部監。	宋史271頁9294		
後周	顯　德		(供奉官) 田欽祚	征淮南，爲前軍部監。	宋史274頁9359		

表十四

朝代	年號	年　　月	人　物	職責內容	有 關 資 料	有 關 資 料	有關資料
後梁	貞明	元年四月	(供奉官)扈　異	撫諭魏博軍，張彥不遜，投詔于地，侮罵詔使	舊五代史卷8頁121	通鑑269頁8788	
後梁	貞明	六年九月	(供奉官)竇　淮	曉諭靜勝節度使以移鎮。	通鑑2頁8858		
後晉	天福	五年五月	(供奉官)劉彥瑤	馳詔以諭叛軍李金全，金全不降。	冊府73帝王征討三頁1077	舊五代史卷79頁1040	
後晉	天福	四年三月	(供奉官)齊延祚	乘驛往諭叛軍王彥忠，彥忠降。	舊五代史卷78頁1027		
後晉	開運	(初)	(供奉官)羅彥瓌	命宣慰大名府，銜枚夜發，往返如期。	宋史250頁8827		
後周	廣順	元年正月	(供奉官)張令權	齎枚書諭河東僭僞劉學。	冊府66帝王發號令五頁741		

，但遣劉鄩加兵，立當傳首。帝由是不許，但以優詔答之。使者再返，彥裂詔書抵於地，戟手南向詬朝廷。（頁八七八八）

《舊五代史》卷七八、後晉天福四年（九三九年）三月庚申條：

靈州戍將王彥忠據懷遠城作叛，帝遣供奉官齊延祚乘驛而往，彥忠率眾出降，延祚矯制殺之。（頁一〇二七）

如表十四所示。

㈣戰時之撫恤活動

大抵戰爭帶來之後果，除了勝負之關鍵外，更加是地方人力及資源之不斷虛耗。要應付一場持續之耐力戰，戰時之撫恤活動是不可缺少。諸如押賜軍物以慰軍心、安撫流民而定邊土，以至收拾屍骸而加以祭祀，皆爲戰爭中主要之善後活動。其間，三班官參與甚爲積極，代表著戰時帝王特派之親民官。

1.押賜軍物與勞軍

如表十五之例所示：

《冊府元龜》卷一二八、帝王部、明賞二、後唐同光三年（九二五年）六月條：

招討王晏球獻曲陽之捷，令殿直陳知隱押銀腰帶、鞍轡賜北面立功將校。（頁一五四四）

《冊府元龜》卷一三五、帝王部、愍征役、後晉天福二年（九三七年）十二月條：

表十五

朝代	年號	年　月	人　物	職責內容	有 關 資 料	有關資料	有關資料
後唐	同光	三年六月	（殿　直）陳知隱	押賜北面立功將校。	冊府128帝王明賞二頁1544		
後唐	天成	元年五月	（供奉官）張　殷	押軍衣往湖南行營將士。	冊府135帝王愍征役頁1653		
後唐	應順	元年三月	（供奉官）王廷悅	押賜玉帶、金刀于各路帥。	冊府181帝王疑忌頁2179		
後晉	天福	二年十二月	（承　旨）劉貞義	押軍藥前赴軍中。	冊府135帝王愍征役頁1633		
後周	廣順	元年正月	（殿　直）王　殷	押賜物與軍旅。	冊府66帝王發號令五頁742		
後周	廣順	元年五月	（供奉官）李　誦	押送賜物至樂壽。	冊府990外臣通好頁11522		
後周	廣順	二年十一月	（供奉官）齊藏琦	慰撫三軍。	冊府136帝王慰勞頁1651		

表十六

朝代	年號	年　月	人　物	職責內容	有關資料	有關資料	有關資料
後晉	天福	七年十二月	(供奉官)馬延翰	于雒京賑恤饑民。	冊府106帝王惠民二頁1270		
後晉	開運	(末)	(供奉官)陳光穗	宣撫河西軍民。	舊五代史卷125頁1646		
後周	廣順	元年三月	(供奉官)張　諲	押俘至河東界，放歸本家。	冊府435將帥獻捷二頁5172		
後周	廣順	二年二月	(供奉官)蓋繼明	部送昭義界放還鄉里。	冊府167帝王招懷五頁2013		
後周	顯德	四年三月	(供奉官)田處嵒	與供奉官梁希進濟飢民于壽州。	冊府106帝王惠民頁1271		

宣遣承旨劉貞義，押風藥往軍前賜中傷將較。（頁一六三三）

2.安撫流民

《冊府元龜》卷一〇六、帝王部、惠民二、後晉天福七年（九四二年）十二月丁丑條：

詔遣供奉官馬廷翰維京賑恤饑民。（頁一二七〇）

《冊府元龜》卷一六七、帝王部、招懷五、後周廣順二年（九五二年）二月癸卯條：

遣供奉官蓋繼明部送昭義界放還鄉里。（頁二〇一三）

除此以外，對於因戰爭而死亡之軍民而言，三班官更負責收斂與祭祀。

《冊府元龜》卷一三四、帝王部、念功、後晉開運三年（九四六年）正月丙寅條：

詔遣供奉官梁再筠使河中……時城內外殺傷餓殍遺骸，令瘞而祭之，時已有僧收拾屍首至二十萬。（頁一六三四）

同書卷、後周顯德元年（九五四年）三月條：

自攻討壽州已來，應有將士歿於王事者，宜差殿直劉漢卿於壽州四面收斂其屍，以官物祭奠本家，仍以優給，有男者，量與敘用。（頁一六三四）

如表十六所示。

㈤地方性之治安工作

三班官除了參與戰時之特別活動外，也負起地方之治安工作。日本學者日野開三郎《五代鎮將考

表十七

朝代	年號	年　月	人　物	職責內容	有關資料	有關資料	有關資料
後梁	開平	三年十月	東頭供奉官 段　凝	充左軍巡使兼水北巡簡使。	冊府766總錄攀附二頁9109		
後唐	清泰	元　年	（供奉官） 丁昭溥	爲軍巡使，晝夜督促民間繳納貨財、囚繫滿獄	冊府510邦計重歛頁6115		
後晉	天福	八年 十二月	殿　直 供奉官	共廿六人，自河陰至海口，分擘巡檢，以青州節度使楊光遠謀叛故也	舊五代史卷82 頁1083		
後漢	乾祐	二年七月	（供奉官） 王　益	與供奉官時知化、仕繼勳受命巡檢，趙思　作亂不能制。	舊五代史卷102頁1359–1360		
後周	廣順	元　年	（西頭供奉官） 劉重進	爲潞州巡檢。	宋史261 頁9465		
後周	廣順	元年五月	（供奉官） 馬彥赦	于考城縣巡檢，坐匿赦書，殺獄囚。	舊五代史卷111頁1473		
後周	廣順	二年正月	（供奉官） 張令彬	于徐州巡檢，擒賊將燕敬權。	舊五代史卷112頁1479–1480	通鑑290 頁9473	
後周	廣順	二　年	（供奉官） 康延澤	永興李洪信入覲，遣廷澤巡檢。	宋史卷255 頁8926		
後周	顯德	元年九月	（供奉官） 郝光庭	先是與供奉官副都知竹春璘于華縣巡檢。	冊府154帝王明罰王頁1872	舊五代史卷114 頁1520–1523	
後周	顯德		（供奉官） 張　勳	周世宗征淮南，以勳爲申州緣淮巡檢。	宋史卷271 頁9288		

表十八

朝代	年　號	年　月	人　物	職責內容	有關資料	有關資料	有關資料
後唐	長　興	元年十二月	（供奉官）丁延徽	先是監臨倉粟。	冊府154帝王明罰三頁1869	冊府58帝王守法頁654	舊五代史卷97頁1289
後唐	（明宗）		（供奉官）慕容彥超	既居近職，監臨奉使。	冊府846總錄善射頁10049		
後唐	清　泰	元年七月	（供奉官）楚匡祚	爲監當官，隱奪資財不依法則。	冊府150帝王寬刑頁1818–1819		
後唐	清　泰	元　年	（供奉官）丁昭溥 史思溫	于鳳翔城晝夜督促民間繳納貨財。	冊府510邦計重歛頁6115		
後周	廣　順	三年七月	（供奉官）武懷贇	先是監當馬市。	舊五代史卷113頁1499		

》一文，認爲在五代之混亂局面下，地方之兵權與警察行政權出現混合之現象，且多由出身自各藩鎮之元隨系統或土豪之自衛系統之鎮將主理[67]。帝王以侍從身份之三班官出任巡檢或捕盜侍臣，多少意味著欲打破既有之地方割據局面，加强中央帝王之權力下達。如表十七所列：

《舊五代史》卷八二、後晉天福八年（九四三年）十二月乙巳條：

遣供奉官殿直二十六人，自河陰至海口，分擘地分巡檢，以青州節度使楊光遠謀叛故也。（頁一〇八三）

《資治通鑑》卷二九〇、太祖廣順二年（九五二年）正月壬戌條：

唐主發兵五千，軍于下邳，以援（慕容）彥超，聞周兵將至，退屯沭陽。徐州巡檢使（供奉官）張令彬擊之，大破唐兵，殺溺死者千餘人，獲其將燕敬權。（頁九四七三）

㈥地方性雜務之維持

三班官本爲帝王之親從，於內廷負責日常灑掃侍奉之雜務。其後權力由內廷而伸展至外廷，以至參與地方性事務，這種性格，依然保留下來。在行軍、警察、外交等較明顯工作外，一些較繁雜、細碎之任務，諸如監學、建置、捕蝗、祈雨等，也是三班官職之一。

在諸項雜務中，監當之任務頗爲常見。蓋戰爭中需要大量之金錢用度，而直接有效之法莫過如以親信到民間監臨收取，例如後唐末帝清泰元年（九三四年），左藏金帛不足，即以供奉官丁昭溥、史思溫至鳳翔城，晝夜監臨督促以湊數[68]，即爲其中一例，茲列表見表十八。

除監當之工作外，三班官亦須負責地方之建置工作。

《舊五代史》卷八一、天福六年（九四一年）十一月庚寅條、引《五代會要》：

差供奉官陳審璘往洛京，于太廟內隱便處修蓋庫屋之間，俟畢日，催促所支物色，監送入庫交付訖，取收領文狀歸閣。（頁一〇七三）

此外，後周顯德四年（九五七年）四月間，供奉官孫延希亦曾負責修建永福殿，擔當督役工作[69]。大抵監當與建置之關係密切；所謂建置，包含了監督物料與役夫之工作。故二者常以三班官充當。遇有天災，亦須擔任弭禍之工作。較明顯之災禍莫過如水旱與蝗禍，故此，三班使臣亦充任祈雨與捕蝗之職責。

《冊府元龜》卷一四五、帝王部、弭災之、後唐清泰元年（九三四年）七月甲辰條：

詔以京畿旱，遣供奉官賀守圖湯王廟取聖水。澤州西界有析城山，山巔有池水，側有湯廟，土人遇旱，取水禱雨多驗。先是帝憂甚旱，房暠言聖水可以致雨故也。（頁一七六二）

同書卷、後唐清泰三年（九三六年）七月丁亥條：

自夏不雨，京畿旱。遣供奉官杜紹懷往析城山取聖水。（頁一七六三）

同書卷、後晉天福六年（九四一年）六月條：

丁巳，宣遣供奉官衛廷韜嵩山投龍祈雨。壬戌，宣供奉官朱彥威等七人各部領奉國兵士一，指

揮於封丘、長垣、陽武、浚儀、酸棗、中牟、開封等縣捕蝗。又遣內班秦宗超亳州太清宮祈雨。（頁一七六四）

除了京畿外，三班官以捕蝗使臣之身份，在河南、河北、關西分別搜捕⑳。

總括而言，三班官之職責是多元化的。其職責之範圍視乎帝王所任命之工作性質而定。就工作之類別，雖然可分爲上述六項之綱領，然而並非表示個別之間可視爲完全獨立之性質。事實上，每項工作之間多少存在著相互之關係。諸如外交之行動，多少包括著偵察與曉諭；軍事之行動亦有處決與奏報；巡檢亦不能逃避領軍與監當之需要。故此，在其獨特性工作背後亦有其共通點。然而，無論其個別職務如何細分，其整體之任使精神甚爲明顯。乃爲了在紛亂之時代，加强中央對地方監察之控制，成就帝王權力集中之工作。

四、五代三班官武官化趨勢之總檢討

三班制度，本來就是源于外廷之監察系統而來，故此，唐末以還，三班官文官性質之意味仍然很重。五代對三班之制度來說乃重要之時代。蓋五代以後過渡至宋代，三班官即成爲三班武臣寄祿之小使臣㉑。三班官武化之趨勢，除了可以從其制度之擴大與軍職接駁之關係以理解外，最直接之方法，莫過如探究三班官自唐末以至五代職責性質之轉變。

中唐以後，雖言宦官權力開始侵削外廷，但基本上與三班官無關。三班制度萌芽之時間在憲、穆二宗，已經是接近晚唐之時間。乃統屬於宣徽院下之小使臣，與內侍省之宦官固無法相比。唐末之三班官主要侵蝕之陣地，在七品官以下之臺省官職責。雖間有從事監軍之較重要任務，然例子不多⑫。是故終唐一代，仍不離開監察系統下之職責。

最先無意地將三班官性質改變的是梁太祖朱全忠。鑑於唐末宦官執掌禁軍之專横跋扈，又與藩鎮進行勾結，哄動朝野，故此與當時之宰相崔胤密謀，企圖將所有宦官翦滅，以杜絕後患。

《資治通鑑》卷三六三、昭宗天復三年（九〇三年）正月庚午條：

全忠、崔胤同對。胤奏：國初承平之時，宦官不典兵預政。天寶以來宦官浸盛。貞元之末，分羽林衛爲左、右神策軍以便衛從，始令宦官主之，以二千人爲定制。自是參掌機密，奪百司權，上下彌縫，共爲不法，大則構扇藩鎮，傾危國家……請悉罷諸司使，其事務盡歸之省寺，諸道監軍俱召還闕下。上從之。是日，全化以兵驅宦官第五可範等百人於內侍省，盡殺之，出使外方者，詔所在收捕誅之，止留黃衣幼弱者三十人以備洒掃。（頁八五九四—八五九五）

經過是次密謀後，兩軍內外之八鎮兵，悉屬六軍，以崔胤兼判六軍十二衛⑬。全忠進一步密表崔胤專六軍以亂國，同時把自己之心腹加入中央六軍之系統中⑭；原來被削弱之內諸司使，也逐漸成爲梁人之根據地。

《資治通鑑》卷二六四、天祐元年（九〇四年）四月戊申條：

敕內諸司惟留宣徽等九使外，餘皆停廢，仍不以內夫人充使。以蔣玄暉爲宣徽南院使兼樞密使，王殷爲宣徽北院使兼皇城使，張廷範爲金吾將軍、充街使，以韋震爲河南尹兼六軍諸衛副使，又徵武寧留後朱友恭爲左龍武統軍，保大節度使氏叔琮爲右龍武統軍，典宿衛，皆全忠之心腹也。（頁八六三一—八六三二）

此階段甚爲重要，標誌著內廷系統漸由武人所佔領。朱全忠以宣武節度使起家，乃當日強藩領袖之一。其心腹亦即武人出身之將領。故此梁代之內諸司使，性格上與唐代已呈現不同現象，加上戰爭之頻繁，也促進其武官化之色彩。唯探討宣徽使下之三班官，其武官化之程序似未于後梁時代能完全實現。

《資治通鑑》卷二六八、後梁乾化元年（九一一年）六月條：

乃以守光爲河北道采訪使，遣閤門使王瞳、受旨史彥群册命[75]……械繫瞳、彥群及諸道使於獄，既而皆釋之。（頁八七四二至三）

同書卷、乾化元年（九一一年）八月甲子條又云：

守光即皇帝位，國號大燕……史彥群爲御史大夫。（頁八七四五）

顯然終梁祖晚年，三班官之職能，于一般統治者心目中，尚未脫離沿于唐代之監察職能，御史大夫乃台省之監察長官。後梁之統治者，對宦官出任使職存在著某程度上之恐懼，加以其建國之淵源在剷除唐代宦官餘孽之後，所以任使者多爲外廷心腹。故梁代之三班官，就職能而言，處於變化之階段，一方面成爲帝王外廷之親近機關，漸取代內廷隱蔽性，另一方面仍保留了唐代監察職能之舊面貌。三班官得到迅速之發展，積極從事武人活動範圍之時間，應該在後唐武王與明宗時爲轉捩點。蓋後唐國度所遇到之外交問題，與後梁很不同。李克用在河東崛起時，很多情況下是與宦官進行合作。朱全忠之剷除宦官，多少表示了對爭霸對手之李克用一種示威。當宦官遭朱氏屠殺時，李氏則積極保護。

《舊五代史》卷七十二、張承業傳云：

張承業……咸通中，內常侍張泰畜爲假子。光啓中，主郃陽軍事，賜紫，入爲內供奉。武皇之討王行瑜，承業累使謂北，因留監武皇軍事……承業與武皇善，乃除爲河東監軍……崔魏公之誅宦官也，武皇僞戮罪人首級以奉詔，匿承業於斛律寺，昭宗遇弒，乃復請爲監軍。（頁九四九）

事實上，在後梁時期建立之各個地方割據政權，皆紛紛畜養收藏監軍之宦官，以作爲對朱氏勢力反抗之一種形式。

《資治通鑑》卷二六四、昭宗天復三年（九〇三年）二月條：

時宦官盡死，惟河東監軍張承業，幽州監軍張居翰，清海監軍程匡柔，西川監軍魚全禋及致仕嚴遵美，爲李克用、劉仁恭、楊行密、王健所匿得全，斬他囚以應詔。（頁八六〇一）

故此，以宦官體系爲主之三班制度，得到重新振興之機會。後唐莊宗對伶人之任用，遠超過其前後五代之統治者。三班官在這種情況下，漸次任使於較重要之軍事性任務上。關於其職責性質之轉變，後文將作較全面性之比較。總而言之，後唐三班官任使作風，給于後晉很大之啓示。使三班官漸次成爲列於外廷之武官班次。

在另一方面，五代三班官由內廷而轉向外廷，與當日群臣參朝天子習慣之轉變，即由前殿而趨向便殿，有密切之關係。例如《資治通鑑》卷二六八、後晉天福十二年（九四七年）三月丙戌朔條下，胡三省即註謂：

> 唐故事：天子御殿見群臣，曰常參。朔望薦食諸陵寢，有思慕之心，不能臨前殿，則御便殿見群臣，曰入閤。宣政，前殿也，謂之衙，衙有仗。紫宸，便殿也，謂之閤……自乾符（僖宗）以後，因亂禮缺，天子不能日見群臣而見朔望，故正衙常日廢仗，而朔望入閤有仗。其後習見，遂以入閤爲重，至出御前殿，猶謂之入閤。五代之時群臣五日一日見中興殿，便殿也，此入閤之遺制，而謂之起居。朔望一出御文明殿，前殿也，反謂之入閤……。（頁九三四七）

天子面見大臣，既以入閤爲常制而受重視。則原來處於內廷之官員，身份亦得以轉變，成爲大臣參朝時之要員，領班入閤。《五代會要》記載入閤禮儀時，即謂：

> ……皇帝自內著袍衫穿靴，乘輦至常朝便門駐輦，受樞密使已下起居訖，引駕至正朝殿。皇帝坐定，卷簾，殿上添香，喝：控鶴官拜，次雞叫，次閤門勘契，次閤門承旨喚仗，次閤門使引金吾將軍南班拜訖……次執文武班簿至位對揖，次宰臣南班拜訖……閤門使喝：拜，搢笏舞蹈

，三拜，奏：聖躬萬福；又引宰臣班首一人至近前……宣徽使喝：好去，南班揖殿出；次閤門使引待制官到位兩拜……宣徽使宣：所奏知，又兩拜……。

可知到了五代，官員入朝覲之制度轉變，將內外兩廷之特色共治一爐，其間之內廷亦無形地演變爲外廷。樞密使、宣徽使、閤門使，已經是大臣入閤時必備之中央要員。相反地，舊有宰相以下三省六部官員成了有名無實之軀殼。因應這種趨勢，三班官等似乎得到進一步重用。一方面保持著內廷侍奉帝王起居之角色，另一方面如外廷之武官得列於殿前，兩者互相靈活調動。

《舊五代史》卷八〇、天福七年（九四二年）五月己亥條：

其供奉官、殿直等，如是當直及合於殿前排列者，即入起居，如不當直排立者，不用每日起居，委宣徽使點檢，常須整齊，從之。時上不豫，難於視朝故也。（頁一〇六一）

隨著內廷之外廷化，加上五代武人任使風尚之延續，到了後晉時期，三班官之武官意味已相當濃厚。至於後漢時期，國祚短促，其間變化難以觀察。延至後周，部份之三班官員即迅速被吸納於軍事系統內。若以後周以前三班官武官化之趨勢來觀察，則不難理解世宗這項行動之背後，有著順應潮流發展之意義。

從三班官之職責性質來分，可歸屬於上述六大項。若粗略的以軍事關係來區分，則大抵可分爲三種類別。⑴爲非軍事性活動。⑵爲半軍事活動。⑶爲軍事活動。從各時代，三種活動之比率相對變化，也可從中觀察到三班官武官化之趨勢。在上文所能找到之資料基礎上，以每條資料作一個案單位⑯

表十九　五代三班官從事各種活動性質之統計簡表

性質	非軍事活動							半軍事活動				軍事活動					總數｜比率
類別	監當	捕蝗祈雨	建置	撫恤流民	收斂祭祀	出使	總數｜比率	押賜軍物	奏報邊情	暗殺處決	總數｜比率	巡檢	宣諭詔降	率兵戰鬥	監軍	總數｜比率	
梁	–	–	–	–	–	4	4｜36.4%	–	2	1	3｜27.2%	1	2	1	–	4｜36.6%	11｜10 %
	–	–	–	–	–	18.2%	9.5%	–	20%	9.1%	11.1%	10%	33.3%	5.9%	–	10 %	
唐	4	5	–	–	–	8	17｜47.2%	3	3	5	11｜30.6%	1	–	4	3	8｜22.2%	36｜32.7%
	80%	83%	–	–	–	36.4%	40.4%	42.9%	30%	45.5%	40.7%	10%	–	23.5%	42.9%	20 %	
晉	–	1	1	2	1	7	12｜50%	1	2	–	3｜12.5%	1	3	4	1	9｜37.5%	24｜21.8%
	–	17%	50%	40%	50%	31.8%	28.6%	14.2%	20%	–	11.1%	10%	50%	23.5%	14.2%	22.5 %	
漢	–	–	–	–	–	–	–｜–	–	–	2	2｜40%	1	–	2	–	3｜60%	5｜4.5%
	–	–	–	–	–	–	–	–	–	18.2%	7.4%	10%	–	11.8%	–	7.5 %	
周	1	–	1	3	1	3	9｜26.5%	3	3	3	9｜26.5%	6	1	6	3	16｜47%	34｜31 %
	20%	–	50%	60%	50%	13.6%	21.5%	42.9%	30%	27.2%	33.3%	60%	16.7%	35.3%	42.9%	40 %	
總和	5	6	2	5	2	22	42	7	10	11	27	10	6	17	7	40	110

，可列出一簡單表如表十九。雖未必代表全部，然而大抵能反應了普遍現象。

就不同時代而言，後梁時代在非軍事活動、半軍事活動和軍事活動三方面發展均有從事，比例上頗見平均。非軍事活動比率爲百分之三十六點四，半軍事活動爲百分之二十七點二，軍事活動爲百分之三十六點四，其較均衡之發展趨勢，顯示了三班官於職責性質方面未見定形，隨時接受各方面之流動差遣。

後唐時代，三者在數量上出現大幅度之增加，平均是後梁時期兩至三倍，顯示統治者對三班官之日漸重用。而後唐時期之半軍事活動增幅幾乎是後梁之四倍。半軍事活動之迅速增加，顯示後唐之三班官職責發展至過渡階段，顯示著介乎武官與非武官之雙重性格。但在這段時期，非軍事活動仍有百分之四十七點二，保有較主導性地位。軍事活動爲同期之百分之二十二點九而已。

到了後晉時期，半軍事活動比率顯著減少，只是同期之百分之十二點五，相反地，軍事活動比率爲百分之三十七點五，反超前於後唐。顯示三班官職責，到了後晉時期，更具武官之性格。事實上，後晉之非軍事活動比率（百分之五十），所以能壓倒軍事活動比率（百分之三十七點五），主要原因是出使之外交活動增多。後晉面對著外交之特殊情況，仰契丹之鼻息以圖存，故只能視爲特例。三班官實由半軍事活動逐漸轉移至軍事活動上去了。

後漢之國祚甚短，故此所得資料不多，本難以作爲參考，然所見軍事活動在同期仍佔主導地位，爲百分之六十。在非軍事活動方面，雖未必如表列的完全沒有，然可推想已非主導角色。

後漢時期觀察到之現象，在後周時期得到充份之支持。佔同期之主導地位的是軍事活動，比率爲百分之四十七。至於非軍事活動，則是同期之百分之二十六點五，半軍事活動亦爲百分之二十六點五。其非軍事活動比率，要比梁時之百分之三十六點四，後唐時之百分之四十七點二，後晉時之百分之五十爲低。半軍事活動亦較後梁之百分之二十七點五，後唐時之百分之三十點五，後漢時之百分之四十爲低。相反在軍事活動中，超愈了後梁之百分之三十六點四，後唐時之百分之二十二點二，後晉時之百分之二十二點五，凡此莫不說明三班官越發展至五代後期，非軍事活動與半軍事活動意味漸次減少，相反以軍事活動角色爲工作上之主要目的。

再從個別活動內之職責而言，後梁從事之非軍事活動，以「出使」爲最主要，至於非軍事性之民間福利活動諸如捕蝗祈雨、收斂、祭祀等，要到後唐之後才顯著地受統治者所關注。半軍事活動中，「奏報」、「暗殺」與「處決」於後唐特盛，多少顯示著帝王權力常受到外間之考驗。事實上，後唐之權臣特多，諸如郭崇韜、安重誨之輩。帝位易換與官廷鬥爭也較明顯。至於軍事活動中，「巡檢」與「率兵戰鬥」於後周特盛，宣詔勸降之事例於同期特少。顯示中央具足夠能力撲滅地方上之反抗勢力，放棄妥協之行徑。

由上述可見，後周以强力軍事作爲政治資本，乃直接造就了三班官成功進行武官化之主要原因。然追源溯始，三班官武官化之趨勢又可從後唐、後晉、後梁職責之轉變看出其中蹟象。可以作爲解釋三班制度與親軍系統接駁之自然趨勢。

總括而言，研究五代三班官之活動與發展，有助了解宋代武班形成之部份過程。三班官本來就是內侍供奉官，無論是供奉官或承旨，其淵源皆可追索至唐代中期。蓋由於宦官勢力日强，逐漸侵蝕了外廷之官職。三班官隸屬於內諸司宣徽院之名義下，也因而取得了外廷監察權力大部份職能，成爲帝王之新興耳目。爲了進一步控制日漸與中央疏離之地方分權現象，三班官員遂從事多項之差遣。其職責之原意本爲監察性質，然而自進入五代戰亂之動盪時期，三班官面對之工作帶有强烈之軍事意味，遂漸漸形成三班官武官化之蹟象。這種蹟象至少可從兩方面加以觀察。

⑴站在職責性質而言，無論是警察巡檢、領兵戰鬥、暗殺或處決，莫不與武力基礎相關。事實上，這些軍事性之活動，越過了五代後期，其比重越較諸同期所受之其他差遣爲高。顯示了不但只是承襲唐末以後之官職，更加在使從身份以外加上武人之性格。

⑵站在與當時軍制之關係而言，三班制度不斷吸納人數，結果在三班官上出現了上層之官職架構，諸如「押班」、「副都知」與「都知」，又嚴分了左、右番，各番其管數班，漸與五代之中央軍制出現接合之現象。故此嚴格而言，自進入晉、漢以後，三班官之武官化之趨勢已甚爲鮮明。到了後周時期，統治者更立意將這種軍職接駁現象制度化，三班官之部份官稱遂成爲禁軍下之番號。其武人之色彩，遂趨於成熟。殿前親軍確立後雖自成一系統，然而三班官性格已確立，成爲日後宋初編入西班武官行列之參考。

【註釋】

① 司馬光《資治通鑑》（北京、中華書局、一九八六年四月版）卷二一五、後唐天寶四年八月，胡三省關於供奉官之註云：「外官得隨朝士入見者，謂之仗內供奉，隨翰林院官班者，謂之翰林供奉。」

② 詳見王溥《唐會要》（北京、中華書局、一九五五年六月版）上冊、卷廿五、文武百官朝謁班序、中書門下供奉官條下註，頁四八〇。

③ 《唐會要》卷六十五、睿宗景云二年正月敕，頁一一三七。

④ 王欽若等撰《冊府元龜》（北京、中華書局、一九八二年十一月版）卷一一〇、帝王部、宴享二、天寶四年二月敕：「今月十四、十五、十六日，宜令中書門下及兩省供奉官……節度採訪使等，並於花萼樓下宴。」又見天寶五年正月條，頁一三一一。

⑤ 《冊府元龜》卷八〇、帝王部、慶賜二、上元元年四月辛亥條，頁九三九。

⑥ 《唐文拾遺》卷四十三，崔致遠，上太師侍中狀。轉引自王壽南《唐代宦官權勢之研究》（台北、正中書局、一九七一年版），頁八九。

⑦ 劉昫《舊唐書》（北京、中華書局、一九七五年五月版）卷一〇三、王君㚟傳。

⑧ 《舊唐書》卷一〇六、楊國忠傳。

⑨ 關於唐代述及三班官之資料不多，於殿直官成立時期唯靠推論。然觀五代至宋初三班官之例，必以供奉官、殿直、承旨命之，首末有次。《通鑑》長慶三年四月丙申條敘三班之法，其首尾亦同。則殿直於此

時與承旨同期成立，亦屬可信。

⑩《冊府元龜》卷六六五、內臣部、總序，頁七九五五。

⑪《冊府元龜》卷一五三、帝王部、明罰二，頁一八五九：「供奉官孫從彥、王從素並杖六十，配陵前…
…以盜玉帶銀器故也。」

⑫《冊府元龜》卷八一、帝王部、慶賜三、頁九四六：「（文宗）即位，賜左、右軍中尉、樞密使、供奉
官內官等錦綵銀器有名。」

⑬《冊府元龜》卷一七八、帝王部、姑息三、頁二一四一：「遣供奉官祁彥祥宣賜旌節。」

⑭歐陽修、宋祁《新唐書》（北京、中華書局、一九七五年二月版）卷四十八、百官三，頁一二三九—一
二四〇。

⑮詳閱王曾瑜《宗朝兵制初探》（北京、中華書局、一九八三年版）第二章《樞密院—三衙統兵體制》及
第二章《北宋前期和中期的禁兵》，頁一—六五。

⑯小岩井弘光《北宋の使臣について》、《集刊東洋學》卷四十八、一九八二年，頁三五—五三。

⑰友永植《唐、五代三班使臣考》、《宋代の社會と文化》、宋代史研究報告第一集、頁五七：「とあっ
て、都知、副都知、押班と稱れる三班各班の知班官及び貳官が設けられたことが知られる。但し、都
知と押班との關係については不明である。」

⑱菊池英夫《後周世宗の禁軍改革と宋初三衙の成立》、《東洋史學》卷二三、一九六〇年，頁四一—五

七。

⑲《資治通鑑》卷二六八、後梁乾化元年六月，胡三省註引《考異》，史彥章爲「供奉官」，正文則爲「承旨」，頁八七四二—八七四三。

⑳《冊府元龜》卷一九一、閏位部、政令、後梁開平二年詔云：「禁戢諸軍節級、兵士及供奉官、受旨、殿直以下各脩禮敬。」其間「承旨」所以寫爲「受旨」，或因避諱；見《資治通鑑》卷二六八、後梁乾化元年六月、「受旨史彥章冊命之」其下胡三省註，頁八七四二。

㉑《舊五代史》（北京、中華書局、一九七六年五月版）卷七九、天福五年四月丙午條：「承旨者，承時君之旨，非近侍重臣，無以稟朕旨，若無區別，何表等威；殿直承旨宜改爲殿直。」頁一〇三九—一〇四〇；可知「殿直」原爲「殿前承旨」，其與「承旨」在意義上分別不大。後稱爲「殿直」，則明顯爲兩種不同官稱。

㉒脫脫《宋史》（北京、中華書局、一九七七年一月版）卷二七三、李謙溥傳所載：「（李）從晉祖入汴，補殿直，奉使契丹，少帝即位，改西頭供奉官，漢初，遷東頭。」

㉓《資治通鑑》卷二六七、後梁開平四年十一月、「上遣供奉官杜廷隱、丁延徽監魏博兵三千分本深、冀」條下，胡註爲「唐末置東頭供奉官、西頭供奉官，後皆爲西班寄祿。」頁八七二八。

㉔高承《事物紀原》（台北、台灣商務印書館、一九七一年版）卷六、橫行武列部。

㉕《冊府元龜》卷七六六、總錄部、攀附二、後梁開平三年十月載段凝自「東頭供奉官」授右威衛大將軍

，充軍巡使兼水北巡簡使。頁九一〇九。

㉖ 朱全忠未登位前，曾與唐宰相崔胤密誅宦官，又截內諸司使爲九使而已，事見《資治通鑑》卷二六三、唐昭宗天復三年正月庚午條，頁八五九四。又卷二六四、唐昭宗天祐元年四月戊申條，頁八六三一。

㉗ 《資治通鑑》卷二七七、後唐長興三年五月：「董章之攻知祥也……乃遣供奉官李存　」條下，胡三省註爲「此供奉官乃殿頭供奉官，非禁中供奉官也。」頁九〇七二。是知後唐時已分爲「殿頭」與「禁中」兩種供奉官。

㉘ 例如後唐武皇、莊宗之任內供奉官張承業，事見《舊五代史》卷七二、張承業傳，頁九四九—九五二。

㉙ 例如後唐內宿殿直張繼榮，事見《冊府元龜》卷五七、帝王、明察、頁六四四。「內宿殿直」即爲「內殿直」也。

㉚ 凡「供奉官」加「內」，多所指宦官，蓋有入於內禁供奉之意。如張承業，即爲內供奉官。見《舊五代史》頁九四九。又後唐同光時宦官李從襲，《冊府元龜》亦爲其供奉內官，見三一九四頁。然而《資治通鑑》稱張承業爲「供奉官」，見頁八四七三，可知兩者職能而言，分別不大。《舊五代史》亦稱李從襲爲「供奉官」，頁四五七。也是另一例子。故「供奉官」與「內供奉官」只在强調身份爲宦官時始區分，於職責性質分別不大。

㉛ 《宋史》卷二六一、陳思讓傳，頁九〇三八。

㉜ 《宋史》卷二五〇，王彥昇傳，頁八八二八。

㉝ 例如《冊府元龜》卷一三一、帝王、延賞二、後周廣順二年三月：「補故控鶴指揮使郭超長男重均，充左番殿直，次男重友，充右番殿直，以父歿王事故也。」頁一八五四。

㉞ 《資治通鑑》卷二七五、後唐天成元年六月、「安重誨恃恩驕橫，殿直馬延誤衝前導」條下，引胡三省註，頁八九八八。

㉟ 《舊五代史》卷七九、後晉天福五年四月丙午條，頁一〇三九載「殿直」未改此名時爲「殿前承旨」。

㊱ 王溥《五代會要》（上海、古藉出版社、一九七八年一月版）卷二四、宣徽使：「晉天福六年七月敕，宣徽院供奉官、殿直，人數不少，今後諸道行軍副使，不得奏請宣補骨肉。」

㊲ 《冊府元龜》卷九九七、外臣部、征討六，後漢乾祐二年十一月：「宣供奉官趙延希等二十人，殿直都知張盛等二十八人……參於軍事。」頁一一五九六。其間可知「殿直都知」人數不少，已成三班制度下某職級之長官。

㊳ 早在唐末黃巢時，華溫琪已任職「供奉都知」，從征交阯。見《冊府元龜》卷九四〇、總錄部、患難，頁一一〇七八。又後周顯德元年九月，竹春璘爲「供奉官副都知」，見《冊府元龜》卷一五四、帝王部、明罰三，頁一八七二。則其正官應爲「供奉官都知」與「供奉都知」，意義上相同。

㊴ 《冊府元龜》卷一五四、帝王部、明罰三、顯德元年九月條，竹春璘爲「供奉官副都知」，頁一八七二。

㊵ 同註㊲。

㊶ 後周廣順初，韓重贇爲「左班殿直副都知」，見《宋史》卷二五〇、韓重贇傳，頁八八二三。

㊷ 後周世宗時，曹翰即曾任「都承旨」，誅殺孫晟及其從者二百，見《舊五代史》卷一三一、頁一七三四。

㊸ 《資治通鑑》卷二八九、後漢乾祐三年十一月條，頁九四四一。

㊹ 《舊五代史》卷一一二，頁一四八三。

㊺ 《宋史》卷二五五，張永德傳載後周廣順初，張永德任「內殿直小底四班都知」之職，頁八九一三—八九一四。

㊻ 《宋史》卷二五九，郭守文傳，頁八九九八—八九九九。

㊼ 參上二例，張永德爲內殿直都知，其下即以其管四班；郭守文爲副都知，則只管第二班。

㊽ 同註㊶。

㊾ 同註㊻，唯「東第二班副都知」中之「東第二班」，應屬「東班承旨第二班」，並非「東頭供奉第一班」之簡稱。蓋「東西班」之舊號應爲「東西班承旨」，見《宋史》卷一八七、兵志，頁四五八五。

㊿ 菊池英夫《後周世宗の禁軍改革と宋初三衙の成立》，頁四六。

(51) 《宋史》卷二五〇、羅彥瓌傳，頁八八二七。

(52) 《宋史》卷二五〇、王彥昇傳，頁八八二八。

(53) 《資治通鑑》卷二七九、後唐清泰元年二月，胡三省註引宋白語，頁九一〇六。

(54)《資治通鑑》卷二七八、後唐長興四年正月，胡三省註引薛史，頁九〇九九。

(55)《宋史》卷二五一、韓令坤傳。

(56)《宋史》卷二五〇、王審琦傳。

(57)《新唐書》兵志、昭宗乾寧四年：「韓建畏諸王有兵，請皆歸十六宅，留殿後三十人，爲控鶴排馬官，隸飛龍坊」。若追索更前，應在武后聖曆年間，控鶴府之設立爲根據。

(58)觀後唐、後晉以還，控鶴官與「內班」、「東西班」，常同時出現，其成爲「班」之可能性甚大。見《冊府元龜》卷一五四、帝王部、明罰三，後唐天成四年六月條；《舊五代史》卷八五、後晉開運三年十二月癸卯條。

(59)《宋史》卷二五〇，王彥昇傳載其由「內殿直」轉遷「護聖指揮使」，見頁八八二八。同書卷，羅彥則載其由「內殿直」轉遷「興順指揮使」，見頁八八二七。知「內殿直」以上爲「指使」。

(60)《資治通鑑》卷二五八、二五九、二六二，轉引自王曾瑜《宋朝兵制初探》，頁三一。

(61)《舊五代史》卷四、後梁開平二年十月己亥條，頁六五。

(62)《宋史》卷一八七、兵志一：「每都有軍使、副兵馬使、十將、將虞侯、承局、押官。」頁四五八四。

(63)同註㊿。

(64)《宋史》卷一八七兵志一、殿前司、東西班條下，註「舊號爲東西班承旨」，可知乃沿五代軍制。然未知確實始於何時。或以後周時期之可能性較大，尹崇琦即爲「東西班都知」，見《宋史》二五九、尹崇琦傳，頁九〇〇一、又郭守文於後周廣順時亦爲「東第二班副都知」，見《宋史》卷二五九，頁八九九八—八九九九。

⑮ 友永植《唐、五代三班使臣考》，頁二九—六八。

⑯ 日野開三郎《藩鎭体制と直屬州》，《東洋學報》卷四三、一九六一年。

⑰ 日野開三郎《五代鎭將考》、《東洋學報》卷二五、頁二三九載：「……上述の如く五代鎭將の出身には二系統あったが、此の中五代で於ける鎭の普及に特に與つてかありものは土豪系統の鎭將であった。次に自衛團と鎭の普及との關係を具体的に例證しておかう……」可知述及兩個系統出身之鎭將。

⑱ 《冊府元龜》卷五一〇、邦計部、重歛、後漢淸泰元年，頁六一一五。

⑲ 《舊五代史》卷一一七、後周顯德四年四月，頁一五五八。

⑳ 《舊五代史》卷八一、後晉天福八年四月戊申條，頁一〇七六—一〇七七。

㉑ 《資治通鑑》卷二六七、後梁開平四年十一月：「上遣供奉官杜廷隱、丁延徽監魏博兵三千分屯深、冀」條下，胡三省註謂供奉官後爲西班寄祿，頁八七二八。又同書卷二七五、後唐天成元年六月：「安重誨恃恩驕橫，殿直馬延誤衝前導」條下，胡三省註謂「殿直，天子侍官也，宋熙寧以前爲西班小使臣寄祿官」，頁八九八八。

㉒ 例如張承業爲內供奉官，昭宗時監河東李克用軍，見《舊五代史》卷七二，頁九四九，然而監軍之重職，多以高品宦官爲之，供奉官監軍，例子還少。

⑺《資治通鑑》卷二六三、唐昭宗天復三年正月庚午條，頁八五九四。

⑭《資治通鑑》卷二六四、唐昭宗天復三年十二月條：「胤懼，與全忠外雖親厚，私心漸異，乃謂全忠曰：長安密邇茂貞，不可不為守禦之備。六軍十二衛，但有空名，請召募以實之，使公無西顧之憂。全忠知其意，曲從之，陰使麾下壯士應募以察其變。」頁八六二四。

⑮胡三省註謂：「受旨，蓋崇政院官屬，猶樞密院承旨也，梁避廟諱，改『承』為『受』。」可知本為承旨。又胡三省引《考異》謂史彥章之官職為「供奉官」，見頁八七四二—八七四三。

⑯以每條資料為個別單位比較以人數衡量為較合理。如《舊五代史》卷八二、後晉天福八年十二月之資料，單供奉官與殿直分擘州地巡檢者即為二十六人，見頁一〇八三、又《冊府元龜》卷一二三、後唐天成三年四月，記載殿直領軍伐定州已有十五人，見頁一四七六。若與其他單一人數出現之資料比較，則甚為偏頗，故以每條資料計較具普遍意義。

叁、五代宋初三班官之轉遷途徑
——三班官軍職與使職性格初探

五代以元從關係組成之軍人或使臣集團，本來存在著微妙之相互關係。從藩鎮政權發展之過程而言，未登極之帝王，最初以藩鎮割據之形式出現，可供差遣之心腹使者，不外就是自己的親從將校。及至帝王登極，隨即被吸納成爲中央命官。

然而，中央內諸司使系統之完成，並未能確保皇廷因外部戰亂而產生之威脅。故此五代以還，中央多著意於禁軍系統編整。其編制之過程，又不離開以藩鎮時之元從軍將組織加以擴大，使成爲强有力之中央軍隊。

故此，無論是中央之諸司使官員，或者是禁軍之將領，本質上仍出於一，皆曾是藩鎮時期之親從牙校。由於二者關係密切，往往出現使職向軍職轉遷之現象。這種較爲靈活之調配，尤其是適合動亂之五代所使用。

觀察五代宋初三班官之升遷型態，至能夠表現軍職與使職之密切關係。換言之，作爲帝王之親從官員，就算是同一類目，有的可能向著軍制發展，有的則向著中央使職發展。而從來之研究，頗以軍職與使職性質截然二分，作獨立之研究。故此，討論五代宋初三班官於軍職與使職升遷之兩條途徑，實能夠補充其中所忽略的。從而說明，當三班官上層官制逐漸被吸納進五代後期之親軍制度時，三班官下層之基本官員，即承旨、殿直與供奉官之使職性格才告定型。親軍制度於軍事上之專職化，同樣亦造成普遍使臣於功能上之萎縮。對於研究三班院成立前夕，關於宣徽院地位之下降現象，具有不可分割之關係。

一、五代宋初軍職與使職系統之內容

關於五代宋初之軍職，前文已略見論述。大抵到了五代，三班組織不斷擴大，逐漸建立起殿前親軍之班底。然而考三班官之升遷途徑，又不獨在殿前親軍系統進行，而是廣泛地轉遷至其他兵種，形成共通之軍事職級。故此，有必要簡略概述五代宋初中央之較整體軍制。而所謂軍職之轉遷就是指由較下級之統兵官向著較上級之統兵官位上晉之途徑。

大體而言，宋代之三衙：殿前司、侍衛馬軍司、侍衛步軍司源於後周之兩司，即侍衛親軍與殿前司①。殿前司於後周世宗顯德元年（九五四年）始建立②，至於侍衛親軍則淵源甚早，只是到了後晉才成爲帝王親軍之總稱③。在後梁、後唐時期，侍衛親軍之組織經以成立，但只是皇帝親軍中之其中一支，例如後梁時，除了侍衛軍之馬步軍以外，還有左、右龍虎軍兩支親軍④；後唐時則還有嚴衛左右步軍，捧聖左右馬軍等⑤。這種五代親軍系統之編制，若再溯上，則於昭宗天後三年（九〇三年），宰相崔胤所領之北衙六軍十二衛，即左右羽林軍、左右龍武與左右神武軍之帝王親軍⑥。所不同的，只是自後梁起，宣武軍節度出身之朱全忠，以其鎭兵因襲前制，仿在京馬步軍都指揮等名目，在唐六軍諸衛之外，別爲私兵⑦。

五代禁軍系統無論如何複雜，其軍事之編制不外以三種形態出現。最底層存在著不同之「軍班」，組成之性質至爲多樣化。例如在一些「班」之編制內，已經有若干級序之統兵官轄領，一般有押班、副都知、都知而至本班之副指揮使、指揮使，皆爲殿前親軍之普遍編制。至於侍衛親軍之組成過程中，都頭和副都頭漸成爲步兵方面統兵官之專稱；「軍使」和「副兵馬使」成了馬兵之統兵官。例如梁唐之際，侯益從莊宗征劉守光，由馬前直副兵馬使遷爲軍使，破洛州後，升爲護衛指揮使⑧，又如張廷翰于漢祖時爲東西班軍使，到了後周時便升爲護聖指揮使⑨。由此觀之，殿前親軍系統下常見之「都知」、「副都知」，與侍衛親軍馬步軍系統下之「都頭」、「副都頭」或「軍使」、「副兵馬使」，雖然來源不同，但在中央禁軍吸納地方軍之過程中，漸納入劃一之規模，成爲晉升上「班指揮使」前之同一編制等級。於是，可供三班升轉之範圍，便大大擴充。

在諸班以上，又有「軍」一級之中層編制。其統兵官以都指揮使、都虞候爲至常見。關於「班」之統兵官上進至「軍」之統兵官，於五代宋初實例甚多。例如周祖時之劉廷讓即由內殿直押班，累遷至龍捷軍都指揮使⑩。張廷翰也由護聖指揮使升至鐵騎右第二軍都虞候⑪。「軍」一級之統兵官，在五代武官階層中有著重要意義，「軍」以下爲「班」，無論是班之統兵官或隸屬於各班之衛士，乃歸爲較低級之軍職，「軍」以上之編制爲「廂」，能進入「廂」一級之統兵官系統內，即成爲中央禁軍核心之高級軍官，很迅速便成爲殿前親軍或侍衛親軍之領導班子。故此軍都指揮使、都虞候若希望繼續升轉，必須靠明顯之實力，故此在「軍」一級統兵官之間，存著强烈之相互競爭，爲中央朝廷立功之機會甚多。

禁軍之第三層編制爲「廂」，廂之統兵官爲廂部指揮使。例如五代宋初之劉遇，爲控鶴右廂都指揮使，又任虎捷右廂都指揮使⑫。李懷忠則由軍都指揮使，歷任日騎左右廂都指揮使⑬。五代中尤以後周，由軍之統兵官升遷至廂之統兵官現象特別頻繁，其間莫不與後周連串之統戰有關。後周世宗時之祁廷訓，即因從淮南，大破吳人於江北，由內殿直都指揮使升遷至鐵騎左廂都指揮使、其後又任龍捷右廂都指揮使⑭。趙弘殷亦是因高平之戰，受世宗賞識，由鐵騎第一軍都指揮使，擢升爲龍捷右廂都指揮使⑮。就是石守信、韓令坤、慕容延釗等宋初名將，莫不在後周時期擔任過廂都指揮使之職⑯。事實上，能夠成爲廂之統兵官已經進入了禁軍之權力核心。蓋左右廂之設置，主要在殿前司以鐵騎、控鶴與侍衛司之龍捷、虎捷等四個主要軍力上，若再上進，即爲殿前司與侍衛司都指揮使、都虞使。其人數少之又少。故此，從普遍之意義來說，廂之統兵官實爲高級之軍職官員。

由上述所介紹三層禁軍之編制，大底解釋了軍職轉遷途徑，是從「班」之統軍發展至「軍」之統兵官，再由「軍」之統兵官轉遷至「廂」之統兵官。其間各級轉遷之細節，以及同一級制內不同明目之溝通形式，茲以簡表作類比說明（見表二〇）。

以上大體爲五代宋初之軍職系統內容，現敘述使職概況。宋代武階諸司使副之名，考其淵源，來自五代以還存在之內諸司使。若再深究其始，則可知發展自中晚唐時期在中央律令制以外之令外官。唯不同處，在於唐代出掌內諸司使臣者，多爲宦官，其諸司使職雖已涉外廷九寺三監等事務，然未嘗視爲合法之中央命官，多謂其職干及外事，紊亂職分⑰。至於五代，武人專政，諸司使務皆以武人爲之，把原來內廷色彩極濃之內諸司使，轉變成正式之中央命官，舊有之寺監官司顯然形同虛設，再在使職與使職間繫以級別統序，使成爲具上進意義之官階。那時候之使職既表示其官位，也具有該職級內之職責。至宋初，則將爲數甚多之諸司使職加以剪裁，最後建立起武階之制，使副之名便純粹成爲寄祿之準則，諸司使副便失去了原有之職能了⑱。關於內諸司使於唐中葉至五代之發展趨勢，《宋會要輯稿》第九十一冊、職官五二曾作大體勾劃：

唐代百職皆九寺三監分典。開元中，始置諸司使，其後漸增，由是寺監之務，多歸諸使。朝廷每有制詔，則云諸司諸使以該之，多以內使侍省官或將軍兼充。天祐後，五代用外朝臣。（頁三五七〇）

至於所謂諸司使臣，在宋代官階名稱確立以前，實是一種通稱。其使職之名目，於不同時代有所增減。五代承唐代之制，對諸司諸使之稱呼仍爲「內諸司使」，雖以武人任使，然而仍帶有帝王私人

表二十　五代至宋初三班本班與軍、廂之轉遷關係表

人　名	出　處	廂以下各班之職級						
		廂	軍		班			
楊　美	宋史273 P.9325	左右廂都指揮史	馬步軍都頭			內殿直都知		
羅　彥	宋史250 P.8827			散員都虞候	興順指揮史			內殿直
李漢瓊	宋史260 P.9091	控鶴左廂都校	鐵騎第二軍都　校		左射指揮使	龍旗直副都　知		內殿直
張廷翰	宋史259 P.9007			鐵騎右第二軍都校	護聖指揮史	東西班軍使		內殿直
劉廷讓	宋史259 P.9002	鐵騎右廂都校	龍捷都校				內殿直押　班	
李繼勳	宋史254 P.8094		步軍副都軍頭					內殿直
尹繼倫	宋史275 P.9375				權領虎捷指揮			殿　直
慕容延忠	宋史251 P.8835					供奉西頭官都　知		內殿直
何繼筠	宋史273 P.9326					內殿直都知		供奉官
周　廣	宋史271 P.9288		馬步軍都軍頭					供奉官
郭守文	宋史259 P.8998					東第二班副都知		左　班殿　直
王彥昇	宋史250 P.8828		鐵騎右第二軍都校	龍捷右第九軍都虞候	護聖指揮使			東　班承　旨

表二十　五代至宋初三班本班與軍、廂之轉遷關係表　　續

人名	出處	廂以下各班之職級						
		廂	軍		班			
王晉卿	宋史271 P.9295		龍捷右第一軍都指揮使	權控鶴都虞候				東頭供奉官
孔守正	宋史275 P.9370	龍衛，神衛四廂都	日騎都指揮使		驍雄副指揮使			東班承旨
韓重贇	宋史250 P.8823		控鶴都指揮使	鐵騎都虞候	鐵騎指揮使	左班殿直副都知		
張承德	宋史255 P.8913 −P.8914			殿前都虞候		內殿直都知	供奉官押班	
呼延贊	舊五代史 P.9488		馬軍副都軍頭		鐵騎指揮使	驍雄軍使		東班承旨
趙　晁	宋史254 P.8899			鐵騎都虞候	鐵騎指揮使			左班殿直
耿金斌	舊五代史 P.5450		馬步軍都軍頭	殿前左班都虞候		雲騎軍使		東班承旨
尹崇珂	宋史259 P.9001		殿前軍都指揮使	軍都虞候		東西班都知		
董遵誨	宋史273 P.9341					驍武指揮使	東西班押班	
趙匡義	長編1.1.癸卯 P.2					內殿供奉官都知		
康延澤	宋史255 P.8928					天長軍使		供奉官
王廷義	宋史252 P.8847		龍捷右第二軍都校	龍捷都虞候				供奉官

任命之強烈意味。到宋代，使職名稱則爲諸司使副而不冠以「內」，其間多少表明了使臣性格由帝王親信任使轉變爲向政府負責。從宋代個別之諸司使職名也可看到這種現象。例如「酒坊使」，於唐末以還本稱爲「內酒坊使」⑲，「弓箭庫使」於唐末爲「內弓箭庫使」⑳，「東西八作使」亦實由五代「內八作使」而來㉑，至於「莊宅使」則原爲「內莊宅使」㉒。由私而公之轉變，其理甚明。今試加論述如下，以說明唐末至宋初以還，諸司使職於內容演變之大概。

宋代之武階制度主要是指諸司使、副而言，若從班序之排次來看，不外分爲「東班」、「西班」與「橫班」三個系統。《宋會要輯稿》職官五二謂「東班」共二十使名，分別依次序爲：

翰林醫官使、副→法酒庫使、副→酒坊使、副→
鞍轡庫使、副→氈毯使、副→榷易使、副→
香藥使、副→牛羊使、副→西八作使、副→
東八作使、副→西綾錦使、副→東綾錦使、副→
衣庫使、副→弓箭庫使、副→儀鸞使、副→
軍器庫使、副→御廚使、副→尙食使、副→
翰林使、副→皇城使、副

至於「西班」職名，亦爲二十使副，順序爲：

供備庫使、副→禮賓使、副→西染院使、副→

東染院使、副→西京作坊使、副→西京左藏庫使、副→
崇儀使、副→如京使、副→洛苑使、副→
內園使、副→文思使、副→六宅使、副→
莊宅使、副→西作坊使、副→東作坊使、副→
左藏庫使、副→內藏庫使、副→左騏驥使、副→右騏驥使、副→
宮苑使、副

「東班」之首爲「皇城使」，「西班」之首爲「宮苑使」，二班之分別很明顯。《宋史》卷一六九、職官九，於敘述武臣敘遷之制時，以「皇城使」插進「宮苑使」之後，並未對東班翰林使、副以下十九使職名內容加以說明，顯然爲很大之缺漏㉓。事實上，要經過太祖、太宗時期，東班諸使副漸廢，始納入伎術官行列，最後留下「皇城使」，連接於西班之首。

除此以外，在「東班」、「西班」之上，復有「橫班」，其內容爲：

西上閤門使、副→東上閤門使、副→四方館使→引進使→客省使→內客省使

凡是橫行使及諸司帶防禦、團練、刺史銜者，皆爲遙領，其名俸則較爲優厚㉔。至於眞宗以後之昭宣使、宣政使、宣慶使、景福殿使、延福宮使等班官爲一種祠祿制度下之產物，與五代以還之使臣系統沒有關係。關於上述宮使之硏究，梁天錫《宋代祠祿制度考實》編之頗詳㉕，不在此處贅述。

從《宋會要輯稿》職官志所見之使臣名目，若加細考，大部份並非宋代產物，其源流來自唐末五

代之使職者極多。例如唐代中後期出現「鴻臚禮賓使」㉖，漸演變成後來之「禮賓使」。唐代之「染方使」㉗，即成爲後來「東染院使」和「西染院使」之藍本。至於唐代之「栽接使」㉘，到了五代成爲「內園栽接使」㉙，漸演變宋代之「內園使」。而唐代之「十宅六宅使」㉚，到五代而宋，成爲了「六宅使」。唐代之「內莊宅使」㉛，成爲後來之「莊宅使」。唐代之「作坊」㉜，到了五代便成爲「作坊使」，漸演變成宋代「東作坊使」和「西作坊使」之職名。唐代本以太府少卿知左藏㉝，到五代置使後，便成了「左藏庫使」。唐代有「飛龍使」和「小馬坊使」㉞，五代時成爲「飛龍小馬坊使」，再改爲「左、右飛龍院使」㉟，又有「天驥使」㊱，漸演變成宋代「左騏驥院使」和「右騏驥院使」。至於唐之「宮院使」㊲，則成爲五代至宋之「宮苑使」。以上大概爲宋代「西班」使職根源於唐代使職之例子。

　　再考究宋代「東班」使職源流，可上溯至唐代者亦不少。例如「法酒庫使」，於五代時便有㊳。宋代之「酒坊使」來自唐末五代之「內酒坊使」㊴。宋代之「鞍轡庫使」，淵源自唐代「神策軍御鞍轡庫」，至五代時設「御轡庫使」㊵。至於五代之「氈毯使」，於唐代本分爲「氈坊使」和「毯坊使」，至五代始合而爲一㊶。此外，如「東八作使」和「西八作使」，可上溯於唐五代之「內八作使」㊷。宋代之「弓箭庫使」，於唐本爲「內弓箭庫使」㊸。其「儀鸞使」，來自唐代「營幕使」㊹。「軍器庫使」亦源於唐代，到了五代又新增「武備庫使」㊺。宋代之「御廚使」則由唐代之「御廚使」、五代之「御食使」和「司膳使」演變而來㊻。至於「翰林使」，於唐便有，五代亦有「翰林茶酒使」

㊼。宋代之「皇城使」，發源於唐，五代也有「大內皇牆使」㊽。

至於宋代所謂「橫班」之制，除了「四方館使」似爲國朝新創以外，其他如「東上閤門使」、「西上閤門使」、「引進使」、「客省使」、「內客省使」，莫不源於五代㊾。事實上，若單就使職而言，以唐代資料檢拾出來的，要比宋代多出很多，例如「營田使」㊿、「糧料使」(51)、「榷稅使」(52)、「鐵冶使」(53)、「銅冶使」(54)等等，或許漸被五代至宋之鹽鐵、度支戶部之三司所取代，而不納入諸司使之行列。至於一些時代特有之使職如「六軍辟仗使」(55)、「長春宮使」(56)、「會仙院使」(57)，則因改朝換代而自動被淘汰。其他的則依然保留下來，成爲諸司使之基本內容。

關於五代諸司使臣之記載，多散見於各種史料。較具系統之記載，不外兩處。其一見於王溥編撰之《五代會要》卷二四、諸使雜錄條下，但只記五代梁朝時間，其謂：

> 梁朝諸司使名：崇政院使、租庸使、宣徽院使、客省使、天驥使、飛龍使、莊宅使、大和庫使、豐德庫使、儀鸞使、乾文院使、文思院使、五坊使、如京使、尚食使、司膳使、洛苑使、教坊使、東上閤門使、西上閤門使、內園栽接使、弓箭庫使、大內皇城使、武備庫使、引進使、左藏庫使、西京大內皇城使、閑廄使、宮苑使、翰林使。

于時限雖爲五代早期，但若將各職名比對宋代「東班」、「西班」和「橫班」，大部份可以找到。至於職名略有出入者，例如宋之「供備庫使」與其中之「武備庫使」；「翰林醫官使」與其間之「翰林使」；以及「內藏庫使」與其中之「大和庫使」、「豐德庫使」，兩者在職責之意義上也可能存

表二十一

	時			期		
	東班以下二十使職官			西班以下二十使及橫班職名		
	宋初	五代	唐末	宋初	五代	唐末
	翰林醫官使	翰林使	翰林醫官使	供備庫使	武備庫使	
職	法酒庫使	法酒庫使		禮賓使	禮賓使	鴻臚禮賓使
	(內)酒坊使	內酒坊使	內酒坊使	西染院使	染坊使	染坊使
	鞍轡庫使	御轡庫使	神策軍御轡庫使	東染院使	染坊使	染坊使
	氈毯使	氈毯使	氈坊使、毯坊使	西京作坊使	五坊使、教坊使等	教坊使
	榷易使			西京左藏庫使	大和庫使豐德庫使	大盈、瓊林諸內庫使
	香藥使			崇儀使		
	牛羊使			如京使	如京使	如京使
	西八作使	內八作使	內八作使	洛苑使	洛苑使	
	東八作使	內八作使	內八作使	內園使	內園栽接使	內園使、裁接使
	西綾錦使	綾錦使	綾錦坊使	文思使	文思使	文思使
	東綾錦使	綾錦使	綾錦坊使	六宅使	六宅使	十宅六宅使
	(內)衣庫使	衣甲庫使		莊宅使	莊宅使	內莊宅使
	弓箭庫使	弓箭庫使	內弓箭庫使	西作坊使	作坊使、教坊使等	教坊使
	儀鸞使	儀鸞使	營幕使	東作坊使	作坊使、教坊使等	教坊使
	軍器庫使	軍器使	軍器使	左藏庫使	左藏庫使	太府少卿知左藏
	御廚使	司膳使	御廚使	內藏庫使	大和庫使豐德庫使	內庫史
	尙食使	尙食使	尙食使	右騏驥使	天驥使、飛龍史等	小馬坊、飛龍使
	翰林使	翰林茶酒使	翰林使	左騏驥使	天驥使、飛龍史等	小馬坊、飛龍使
	皇城使	大內皇牆使	皇城使	宮苑使	宮苑使	宮苑使
				西上閤門使	西上閤門使	
				東上閤門使	東上閤門使	
				四方館使		
官				引進使	引進使	
				客省使	客省使	
				內客省使	內客省使	

在著關係。《資治通鑑》卷二七三、後唐莊宗同光二年（九二四年）正月敕下，胡三省註後唐內諸司使時，主要也是引述後梁之制，不外依《五代會要》之資料，然而加揷其意見云：「唐昭宗天後三年誅宦官，以士人爲內諸司使，時所存者九使而已……後唐雖不用梁制，而後唐之舊，內諸司使其官亦多。」可見唐內諸司使對宋代雖具影響，然而主要發展在五代。五代中，後唐內諸司使之制也多襲梁制，故梁唐之際，使職發展不會離上述諸職甚遠。

其次對五代諸使職作較系統之敍述者爲孫逢吉《職官分紀》卷四四、橫行東西班大小使臣條下，對象雖主要爲宋代武階，然而對各使臣之來源亦往往提及，也可作爲五代諸司使名之旁證。今從散見史料及《宋會要輯稿》職官五二、《五代會要》卷二四、諸使雜錄條及《職官分紀》卷四四、橫行東西班大小使臣條作一綜合，列表如右（表二十一），以說明內諸司使，于唐末五代以至宋代之發展大概。

最後必須交代「宣徽使」與「樞密使」于內諸司使中之地位。「宣徽使」爲宣徽院之首長，「樞密使」則爲樞密院之首長。而宣徽院之設置，乃興於唐中期以後一種令外官司，以宦官主理，與素常律令官司以內之內侍省或宮官有所不同。在最初發展之過程中，由於宣徽院起步較早，機構較大，成爲眾多內諸司集合之總匯，宣徽院使便成爲內諸司使中之頭號人物。其後樞密院于內諸司以外別樹一格，迅速發展，其政命能下達監軍，左右宰相㊿，故洪邁謂樞密使，「蓋內諸司之貴者耳」㊾。大抵於唐，樞密使與宣徽使之地位相約，《唐語林》卷八補遺即曰：「置左右軍十二衛、觀軍容處置、樞密、宣徽四院使，擬於四相也。」到了五代後唐莊宗時，樞密使地位顯然較宣徽使爲高，以李紹宏爲郭崇所忌，不能爲樞密使而只任宣徽使，使其大失所望一事可知⑥⓪。由於樞密使與宣徽使較一般內諸司使爲高，故此宋代武階編制時不將之納入「東班」、「西班」或「橫班」之使臣系統，而將之歸類在更高級之長官內。故基於此原因，於前文類比宋與五代使臣系統時略之，在這裡分別論述。

二、三班官在使職與軍職二系統內之轉遷形態

五代以還，三班官之正常轉還之途，往往由「承旨」、「殿直」以至「供奉官」，再由三班使職而內諸司使，最高可做到「宣徽使」、「樞密使」，形成了一個由下而上之使臣級序。三班官便成了使臣之基層。唯細考這種使臣系統以內升遷之法並非嚴謹，除使職以外，軍職成了使臣轉遷之另一途徑。五代時期，由使職而軍職之轉遷，或由軍職而使職之升轉，除了反映了時代戰亂下，中央精英份子靈活調動外，更顯示了五代之使臣，於軍事參與和差遣奉使之兩種職責上，並未嚴分，其成爲統治者軍政家臣之意義，十分濃厚。

使臣能夠於軍事方面活躍，主要與五代禁軍之發展具重大關係。在五代大部份時間內，除了後周以外，中央禁軍系統雖已存在，然而只爲眾多軍隊之其中一支，故此，中央軍職在整個軍事決策及執行過程中，還未佔主導性之地位；能夠執行軍隊事務者，並非中央禁軍之專職。相反而言，使臣於五代初期已發展迅速，如張承業、郭崇韜者，莫不以奉使起家，把持中央要務⑥①。使職之主導性地位，

也方便其從事軍職之可能性。到了後期，情況出現很大轉變。中央親軍權力之龐大與否，決定王朝能否進行統一霸業之基礎；剷除越多敵對勢力，所需軍力越强。中央親軍之擴大與專業化，便成了特定之需要。只有出生軍職行列者，始能向軍職中更高位置升轉。使臣之任務便成了純粹之奉使，執行政務。從此軍政分家，使臣專向使職升轉，內諸司使各級別亦嚴分起來，由三班使臣而諸司副使，再進而諸司使，成爲宋代可參考之藍圖。隨著軍隊之發展，至此時已在內諸司使中一支獨秀，與中央親軍長官分統發兵權和領兵權。原來緊隨著樞密使地位之宣徽使，因爲中央軍事之專業化，所能掌握的實職也越來越少，成爲內諸司使名義上之首長，使臣升遷之最高等級。使臣實職之縮減，亦解釋了宋初「官」、「職」分離下，「差遣」出現之背景。除此以外，對於了解「宣徽院」地位下降及「三班院」之出現，具莫大之關係。可見五代使臣能否在使職與軍職間轉遷，是日後問題之關鍵現象。而使臣這種轉遷途徑，在三班官當中甚爲活躍。茲詳論如下。

後梁承唐末之制，「供奉官」、「殿直」、「承旨」成爲三班官之內容㊷。「殿直」分左、右二班，「供奉官」亦分東頭、西頭，大抵由左至右，由西而東轉升。「供奉官」則在「殿直」、「承旨」之上，於後唐以還成爲定制。例如陳思讓，於後唐時爲「右班殿直」，至後晉時升爲「東頭供奉官」㊸。後晉時期，劉重進則由「右班殿直」遷「西頭供奉官」㊹。同時期由「殿直」補「供奉官」者，還有宋偓、李謙溥等人㊺。後漢的田欽祚，亦先後歷此二職㊻。翟守索於後晉時爲「殿直」，歷漢、周而遷「供奉官」㊼。在晉周間曾任上述二職者亦有何繼筠㊽。可見三班內部升轉甚見常規。再由

「供奉官」上遷至內諸司使臣系統內，這是使職升遷之一般途徑。然而，其間之升轉因時間之不同而各異。

五代「供奉官」和內諸司各使臣之升遷，呈現了前期與後期之不同現象。前期指後梁、後唐和後晉時期，後期則爲後漢和後周。使臣升遷之法較嚴謹者爲後期。前期使臣間主要以「諸司使」爲轉遷對象。到了後期，「諸司副使」成爲了「供奉官」升至「正使」之過渡階段。使臣間之職級分別也較以前細緻。前期之例子，如陳思讓者，在後晉時由「東頭供奉官」而升「作坊使」⑥⑨，後梁的段凝，由「東頭供奉官」而累遷「莊宅使」，亦未見歷「副使」之職⑦⓪。造成這種現象，主要因爲五代前期，內諸司使臣系統還在草創時期，其間重視使臣個別之實職，多於建立使臣間級別之界限，故此雖有「副使」而不常設，雖有等級分野而往往籠統地形容爲「累歷內職」⑦①。究其所言之內職，皆以諸司正使爲本位。例如唐末梁初之際之胡規，其使職轉遷之途爲「皇城使」、「御營使」而「內園莊宅使」⑦②。後唐時之孟漢瓊，「自諸司使累遷宣徽南院使」⑦③。朱弘昭則歷「文思使」、「內客省使」而「宣徽南院使」⑦④。後晉時之李承福，「歷皇城、武德、宣徽使」⑦⑤。劉遂清「歷內諸司使」、「內客省使」而「宣徽北院使」⑦⑥。劉繼勳由「閤門使」而「宣徽北院使」⑦⑦。李彥韜由「內客省使」而「宣徽南院使」⑦⑧。三班官自「供奉官」，一擢而成爲諸司使職，進而循序漸進，大抵爲五代前期使臣由下而上之遷之通則。到了五代後期，內諸司使臣系統逐步嚴謹，注重使職縱線之升遷關係。「諸司副使」便成爲三班使職必經之步驟。例如後漢之王繼濤，「補供奉官，歷諸使副使」⑦⑨。盧懷忠在後漢時期補「供奉官」，至後周世宗時遷「如京副使」⑳，至宋初始為「酒坊使」。康延澤於後晉時補「供奉官」，周祖時遷「內染院副使」㉑。慕容延釗則於周祖時「補西頭供奉官，歷尚食副使」㉒。李繼隆於後周末期補「供奉官」，平江南始遷「莊宅副使」㉓。後周之王廷義，「起家供奉官，改如京副使」㉔。魏丕則由「供奉官」歷「供備庫副使」而「作坊副使」㉕。潘美是在周世宗高平之戰後，由「供奉官」擢「西上閤門副使」，繼而「引進使」㉖。五代後期之「供奉官」，唯曹彬較為特別，由本官直接轉遷「西上閤門使」而不經「使副」之途㉗，乃為一種特例，多少由於其與皇室之特殊關係所致㉘，在一般之情況下，由三班官而諸司使副，進而諸司使，乃五代後期使臣升遷之普遍現象。

從三班官轉遷至各內諸司使職之常態而言，固然可視為至低級之使臣。但是，在五代大部份之時間內，三班官又不限於使職之升轉。無論「承旨」、「殿直」、「供奉官」皆可轉向軍職，至於較高級之內諸司使職則可遷轉更高級之中央軍職，相反地，由禁軍行列而轉遷至使職系統中亦同時進行。大抵在周世宗禁軍改革以前，這種軍職與使職互遷之方法普遍存在著，可以看出二者之密切性。及至軍隊改革成功以後，軍職之專業化，使內諸司使臣減卻在執行軍事任務之重要性，從事管軍之職責多於實質之戰鬥。過往從三班制度訓練出來的軍事人材，儘量被吸納進軍隊系統中，三班制度之較上層架構，包括了「供奉官押班」、「都知」或「殿直押班」、「都知」，皆納入了軍職之範圍內，成為轉遷至他種軍職之甚礎。而「承旨」、「殿直」、「供奉官」便與上述官職疏遠，成為純粹轉遷至內諸司使職之基礎。關於上述之轉變，詳述如下。

五代時，三班官向軍職轉遷頗見活躍。例如後唐明宗時之王彥昇初補「東班承旨」，晉天福轉遷「內殿直」，開運初，契丹圍大名，少帝幸澶淵而以功遷「護聖指揮使」⑲。隸周祖帳下之郭守文，廣順初補「左班殿直」，再遷爲「東第二班副都知」⑳。隸周世宗帳下之王晉卿，初補「東頭供奉官」，從戰高平，以功歷遷「控鶴都虞候」、「龍捷右第一軍都指揮使」㉑。由三班官之基層即「承旨」、「殿直」、「供奉官」直接擢升至軍職可見於上述例子。但有時往往是按步就班，在三班制度之本班內，擢升較高位置，始轉遷進軍職。例如韓重贇，少隸周祖麾下，廣順初補「左班殿直副都知」，高平之戰後，始轉遷「鐵騎指揮使」，再轉「都虞候」，遷「控鶴軍都指揮使」㉒。張永德在漢周之際，亦先歷任「供奉官押班」、「內殿直小底四班都知」，始轉遷「殿前都虞候」㉓。董遵誨在周世宗即位初補「東西班押班」，始遷「驍武指揮使」㉔。這種現象，在周世宗禁軍改革後雖然陸續減少，然細考資料，當發現五代迄宋仍有殘存之痕蹟可尋。例如周顯德中之趙延溥，以父任補「左班殿直」，至宋初擢爲「鐵騎指揮使」㉕。幼事太宗藩邸之張禹珪，由「殿直」而擢居禁衛，遷「殿前散祗都虞候」㉖。耿全斌在太宗即位初爲「東班承旨」，其後擢爲「驍猛副兵馬使」，歷遷「雲騎指揮使」㉗。太祖、太宗時期之呼延贊，初爲「東班承旨」，歷遷「驍雄軍使」、「副指揮使」而「鐵騎軍指揮使」㉘。此外，宋初太祖曾遣諜者惠磷僞稱「殿前散指揮使」負罪奔北漢，北漢主以其爲「供奉官」㉙，多少反映了三班官職與軍職於宋初，仍具有一定關係。

事實上，使職向軍職之轉遷，不僅在三班本官中發生，三班官往往先歷遷諸司使副，進而轉升軍職。例如王繼濤，「少給事漢祖左右，乾祐初，補供奉官，歷諸司副使。仕周……爲天長軍使」⑩。王廷義先爲「供奉官，改如京副使，以善騎射，周世宗擢爲虎捷都虞候，遷龍捷右第二軍都校」⑩。至於慕容延釗，「周廣順初，補西頭供奉官，歷尙食副使、鐵騎都虞候。世宗即位，爲殿前散指揮使都校」⑩。這種使職與軍職間之轉遷之法，追源索始，於五代後梁以還已普遍存在。例如梁太祖時期之劉捍，自「左龍虎統軍」遷「御營使」，再遷爲「侍衛親軍都指揮使」⑩，可視爲軍政上靈活之調動方法。同時期之趙巖，於開平年間爲「右羽能統軍」，其後遷「大內皇牆使」，史書謂其「累歷近職，連典禁軍」⑩。「洛苑使」董璋亦曾遷「右龍虎統軍」⑩。後唐明宗時之李從璋，天成年間由「捧聖左廂都指揮使」遷「大內皇城使」⑩。莊宗時之王全斌，累歷內職後，於晉初功遷「護聖指揮使」⑩。明宗時之郭從義，補內職，累遷「內園使」，於漢祖時擢爲「馬步軍都虞候」⑩，皆爲明顯例証，說明五代軍職與使職之關係密切。三班官在使職以外，向著軍職之轉遷途徑，實在是隨著五代歷史發展之必然步驟。嚴格而言，在後周世宗軍事改革之前，三班官於軍職或使職性格本來便不甚明朗。後周之殿前親軍與侍衛親軍之確立，促成使職趨向內部發展，三班官向內諸司使職之轉遷成爲定制，然而卻因軍制之擴展，限制了其原來活潑多變之功能。到宋代太宗以後便機械性地位成爲低級武臣寄祿之位了。

三、親軍系統逐漸確立下使職性格之凝固
—宣徽院地位之轉變與三班院成立之背景

從上文三班官職能由活潑多變之轉遷途徑而趨於平靜呆滯之過程來看，是很符合內諸司使內部之發展規律。到了後周殿前司正式確立以後，三班官與內諸司使之使職性格趨於一致，著重使職與使職間之縱向發展，退出了原先軍事參與之色彩。然而若再嚴加檢定，三班官之發展與內諸司使之發展亦略有不同之處，也就是在彼此活躍之時限上出現差距。亦顯示了三班官具有與內諸司使不同之生存條件，此所以難以將三班官純粹歸類。

三班官由活躍之軍職、使職轉遷而變爲局限性之使臣升遷，始於後周殿前司確立以後，三班制之中上層之架構接駁殿前親軍系統後，逐漸被吸納消化，與剩下來之三班基層，即承旨、殿直與供奉官出現越來越大之距離。故此，終五代而言，其軍事活躍之參與時期較長。然而，就吾人觀察，以宣徽使爲首之諸司使臣，其軍事活躍之時間較短，只爲五代前期，即後梁、後唐時期。於後晉第一支龐大之侍衛親軍建立以後，即已經大大失去軍事參與能力而趨於委縮。二者在時限上之差距，說明了當親軍系統逐步在後晉確立以後，軍政分家之現象，首先是出現於中央較重要之官員身上。對於軍政分家之過程，須要經過相當時間之運作始能下達至較低之官員身上。此所以到了後周，三班官使臣之角色始逐步鮮明，與諸司使臣在官能上之萎縮趨於一致。二者亦不免同時走向「官」、「職」分離之現象

。宋初武班官階之編整，就是建立在這歷史發展之基礎上。關於親軍系統逐步確立下使職之轉變過程，本文欲通過宣徽使作個案研究。由於宣徽使是內諸司使之首班，故其升降，直接標誌著其他使臣所面對之共同遭遇，具有相當之代表性，也方面解釋唐宋之際宣徽院地位驟降現象與宋初三班院成立之背景。

唐宋以還，親軍制度由發展以至趨於成熟，其間經過一段頗長時間。然而，對於內諸司使而言，最關鍵之時刻應該是後晉時期。原因在於，後晉以前之所謂「禁軍」，乃屬多種類型部隊之總稱，在軍事策劃與行動過程中未具有統一軍力之意義。唯有在後晉時期，侍衛親軍成爲帝王親軍之統稱後，多種分散之軍力始能集中，成爲以帝王權力爲中心之強力後盾。到了後周，又在這既有之軍隊基礎上，另立門戶，組成另一支龐大之殿前親軍。在五代之後梁、後唐時期，帝王親軍系統還未成立以前，帝王所能倚重者，非在於軍事之關係上。而是強調著血緣、主從之私人親信關係。故此由元從關係出身之使臣得到很大重用，參與軍事機會亦多。及後晉以還，隨著親軍之確立，帝王親信之對象，亦由非軍事性之使臣轉向專精軍事之臣屬。使臣之功能自此大受削弱。若觀察五代前後期宣徽使之概況，不難看出這種發展趨勢。

五代之梁唐時期，宣徽使之地位被視爲僅次樞密使⑩⑨，然而並不表示宣徽使之職權即告旁落。相反而言，單單細考於後唐資料，即發現宣徽使甚爲專權。例如安重誨，便嘗「與宣徽使判三司張延朗結昏，相表裡弄威福」⑪⓪，安重誨爲後唐天成年間樞密使，其與宣徽使互相聯絡，反映了宣徽使權力仍大。又例如明宗長興年間之孟漢瓊，「知內侍省事、充宣徽北院使。漢瓊本趙王鎔奴也。時范延光、趙延壽雖爲樞密使，懲安重誨以剛愎得罪，每於政事，不敢可否。獨漢瓊與王淑妃，居中用事，人皆憚之……至是，漢瓊直以中宮之命，取府庫物，不復關由樞密院及三司，亦無文書，所取不可勝紀。」[111]，可知宣徽使弄權時，即樞密使亦無從管之。此外，如廢帝清泰年間之劉延朗，由宣徽北院使而「爲南院使，仍兼樞密副使。於是延朗及樞密直學士薛文遇等，居中用事。（房）暠與趙延壽，雖爲（樞密）使長，其聽用之言，什不三四。暠隨勢可否，不爲事先。每幽關遣使入奏，樞密諸人，環坐議之。暠多俛首而寐、比覺引頸振衣，則使者去矣。啓奏除授，一歸延朗」[112]。宣徽使之地位對比樞密使，更有過之而無不及處。

究竟宣徽使地位之尊崇，主要是與帝王有强烈之私人關係。上列所舉，無論是張延朗、孟漢瓊或劉延朗等人，考其出身，莫不是帝王登極前之元從親將。張延朗曾爲明宗帳下之糧料使、元從孔目官。及至明宗即位，即爲莊宅使而遷至宣徽使[113]。孟漢瓊本爲王鎔之小豎，因得侍明宗左右，故即位後歷內諸司使而宣徽使[114]。劉延朗則爲廢帝之孔目吏，曾進篡奪計謀，故即位後，功遷莊宅使以至宣徽使[115]。若加考析後唐期間其他宣徽使之出身，這種親從任使之關係，更是顯而易見。例如李紹宏，爲莊宗同光時期之宣徽使，在莊宗未登位時任其中門使[116]。朱弘昭未在長興期間出任宣徽使之前，本爲明宗之客將[117]。此外，如范延光爲明宗之客將[118]、李專美則爲廢帝登位前之書記[119]。有時甚至在主從之關係上，加上血緣婚戚成份，成爲更形親信之私人關係。例如趙延壽即爲明宗登位前之女婿[120]，劉延皓則爲廢帝登位後皇后之弟[121]。由上述可知，使臣尊崇職位之任命，純粹是基於與帝王親密之主從關係。這種倚重使臣之任命方式是不難理解。由於五代初期，中央權力仍然薄弱，對於其他割據地方之藩鎮勢力，經常造成對中央極大之威脅。故新成立政府，首要之任務，在於强化中央之組織，使成爲以帝王爲中心之團體，集中支配。因此任用之方式仍然不離開在藩鎮時代沿用著的主從關係，使臣亦因而多方面有所作爲。

考後唐出任宣徽使者，可謂集中央財權、軍權、政權於一身。任宣徽使之同時，多兼判三司或樞副之職。如前面所舉之張延朗、馮贇，皆兼判三司[122]，至於郝瓊，則權判樞密院事[123]，劉延朗亦兼樞密副使[124]。不但如此，就是宣徽使出職後，也多順序升任樞密使，反映於中央軍權中仍享有很大權利。如李紹宏[125]、范延光[126]、趙延壽[127]、房暠[128]、劉延皓[129]，皆屬此例。從職級之意義來說，樞密使職雖在宣徽使職之上，然而並不直接標誌著權力之高低。能出任樞密使者，其前身多爲宣徽使，而任宣徽使之期間又多兼樞副之職，故此在某個意義上，樞密使與宣徽使之間，其實發展了一套中央軍團共議之形式，帝王對那一方之聽用，不在於二者官職之差距而在於帝王私人之親近程度而已。基於這個原因，五代前期宣徽使，在御前軍事會議中，顯示了很鮮明之角色。

《資治通鑑》卷二七三，後唐同光三年（九二五）九月丁酉條載：

> 帝（莊宗）與宰相議伐蜀。威勝節度使李紹欽，素諂事宣徽使李紹宏。紹宏薦紹欽，有蓋世其才，雖孫吳不如，可以大任。

可見無論是軍事上之遠征或司令官之推薦調配，宣徽使均在重要之軍事會議中參與策劃。《通鑑》卷二七六，後唐天成三年（九二八年）夏四月癸巳條又載：

（王）晏球以（王）都反狀聞。詔宣徽使張延朗與北面諸將議討之。

時王晏球爲歸德節度使，出任北面副招討使，於河北軍情中察義武節度使有反叛企圖，宣徽使亦須與諸將召開軍議以討伐王都，皆反映宣徽使亦具相當之軍權。

到了後晉迄後周，情況便出現很大之轉變，隨著龐大之帝王親軍系統逐步確立，侍衛親軍與殿前司便成了帝王決勝之關鍵，與能夠唯一掌實權之政治資本。當中央政權確立之首要任務完成以後，至重要之步驟還是徹底剷除其他藩鎮割據之地方勢力，對親軍內部之軍官倚重日濃，大大削弱了對諸司使舊日之親信程度，從觀察宣徽使之個案中，亦不難看出這種現象。宣徽使被排出了實際軍權之職掌，逐漸只擔任臨時之監軍工作，與帝王之私人性減少，而趨於中央化。乃使臣角色轉變之重要時期，直接標誌著使臣功能之逐步收縮，對宋初「武階」之出現，與武官「差遣」之任務性質，具相當之密切性。

若檢拾五代後期，即後晉、後漢間出任宣徽使之資料，當發現其任職宣徽使期內，又能兼任樞密之職者，全無一人。就是到了後周，只有翟光鄴⒀與王仁鎬⒀二人曾兼樞密副使。換言之，三段時期內宣徽使兼樞副之總數，才相等於五代前期。更有甚者，總後晉、後漢以至後周，任後出任樞密使者，亦只有後晉高祖時期之劉處讓⒀，後漢隱帝時期之王峻⒀與後周世宗時期之吳廷祚⒀三人，較諸五代前期所舉之五人，更有不及處。凡此，莫不顯示宣徽使已逐漸軍權之掌握，在地位上與樞密使之差距越來越大。使臣軍權之削弱，造成功能上之萎縮，被逼從實際掌權中退出，擔任更多之次等軍事任務，出現更多監軍之角色。例如後晉時之宣徽使劉處讓，當天雄軍之節度使范延光反叛時，負責行營領兵⑬⑤，張從恩則在襄陽節度使安重進叛亂時，爲行營兵馬都監⑬⑥，此外，後漢時期，出任宣徽使之王峻、吳虔裕，亦因河中、永興、鳳翔三藩之作亂而分別爲永興行管兵馬都監、河中府行營兵馬都監⑬⑦。至於後周時期任職宣徽使之向訓，當北漢與契丹合寇時，曾爲河東行營兵馬都監⑬⑧，到了遠征後蜀時，又爲西南行營兵馬都監⑬⑨。這種使臣監軍之色彩越到了五代後期，越成爲普遍。最後反變爲使臣之必然任務。故此，使臣之職名逐漸變成空銜，使臣也執行著非原來之使職，內諸使臣之「官」、「職」分化現象，於五代後期便變得特別激烈。由這個方向以了解宋初武階寄祿與差遣出現，似乎又有較新之啓示。

宣徽院轄下諸司使臣之功既趨於萎縮，宣徽院自然成爲有名無實之機關，除了在精神上以宣徽院使作爲檢校軍銜，以分別參知政事、樞密副使、同知樞密院事等敘官班位外，已作用不大。故此，到了宋神宗熙寧年間，便索性將宣徽院取消，以職事分隸省、寺，而使號猶存⑭⓪。可知宣徽院之職能在五代入宋之際正慢慢地退減。太宗雍熙四年（九八七年）設立之三班院⑭①，取代舊有宣徽院主理三班事務，可謂宣徽院逐步滑落之一種表徵。

【註　釋】

①　馬端臨《文獻通考》(台灣、新興書局、一九六四年十一月版)、卷五十八、職官十二、頁五三〇：「殿前司與侍衛司馬軍步軍爲三衙，其實兩司……自有兩司，六軍諸衛漸廢。」

②　章如愚《群書考索》(京都、中文出版社、一九八二年六月版)、《後集》、卷四十七、兵門、三衙條：「宋沿五代之制，有侍衛親軍及殿前兩司，蓋侍衛親軍起於後唐，殿前始於周世宗顯德元年」，頁八一六、又《五代會要》卷十二、《京城諸軍》條下：「顯德元年十月，上謂侍臣曰：「侍衛兵士，累朝已來，老少相半，强懦不分，蓋徇人情，不能選練。今春朕在高平，與劉崇及蕃軍相遇，臨敵有指使不前者，苟非朕親當堅陣，幾至喪敗……。」註下即謂：「於是召募天下豪傑，不以草澤爲阻，進於闕下，躬身親閱，武芸超絕及有身首者，分署爲殿前諸班。」頁二〇六。

③　後晉以前，侍衛親軍力量有限，只發展爲帝王親軍之其中一支部隊，代表著帝王親軍之統帥者，依然是沿唐制，判六軍諸衛事始合乎資格，如後唐之康義誠，即判此職(《資治通鑑》卷二七八)。到了後晉，楊光遠爲侍衛馬步軍都指揮使，劉知遠爲侍衛馬步軍都虞候(《資治通鑑》卷二八〇)，不再用六軍諸衛之舊制，侍衛親軍遂成爲帝王親軍之總稱。

④　《五代會要》卷十二、《京城諸軍》條謂：「梁開平元年四月，改左右長直爲左右龍虎軍。」頁二〇五。

⑤　同書卷，又謂：「(後唐應順元年三月，改左右羽林四大指揮爲嚴衛左右軍，龍武、神武四十指揮爲捧

聖左右軍。」頁二〇五。

⑥《群書考索》、《後集》、卷四十九、兵門、南北衙條謂：「唐有天下二百餘年而兵之大勢三變，其此盛時，有府兵，府兵後廢而爲騎兵，騎兵又廢而爲方鎭之兵盛矣。及其末也，强臣捍將而滿天下，而天子亦自置兵於京師，曰禁軍。以今攷之，曰『左右羽林軍』、曰『左右龍武軍』、曰『左右神武軍』、總曰『北衙六軍』，蓋唐有南北衙兵，南衙諸衛兵是也，北衙者禁軍也。」頁八三一。

⑦同書、《後集》、卷四十七、兵門、三衙、馬軍司條：「都指揮使、副都指揮使、都虞候、都指揮本方鎭軍校之名，自梁起，宣武軍乃以其領兵，因仍舊號置在京馬步都指揮使。」頁八一七。

⑧《宋史》卷二五四、侯益傳、頁八八七九。

⑨《宋史》卷二五九、張廷翰傳、頁九〇〇七。

⑩《宋史》卷二五九、劉廷讓傳、頁九〇〇二。

⑪《宋史》卷二五九、張廷翰傳、頁九〇〇七。

⑫《宋史》卷二六〇、劉遇傳、頁九〇二一。

⑬《宋史》卷二六〇、李懷忠傳、頁九〇二一—九〇二二。

⑭《宋史》卷二六一、祁廷訓傳、頁九〇四六—九〇四七。

⑮《舊五代史》卷一一四、後周顯德元年三月庚子條、頁一五一五。

⑯《宋史》卷二五〇、石守信傳、頁八八〇九：「……從征淮南，爲先鋒，下六合，入渦口，克揚州，遂

領嘉州防禦使，充鐵騎、控鶴四廂都指揮使。」又《舊五代史》卷一一四、後周顯德元年三月庚子條、頁一五一五：「……以殿前都虞候韓令坤爲龍捷左廂都指揮使……以散員都指揮使慕容延釗爲虎捷左廂都指揮使。」

⑰《新唐書》卷二一八、裴磷傳。

⑱《宋史》卷一六九、職官九、敘遷之制、頁四〇二九：「諸司互以他官領之，雖有正官，非別受詔亦不領本司之務。又官有其名而不除者甚衆……任官者但常食其奉而已」。又同書卷、頁四〇三三：「內客省使至閤門使謂之橫班，皇城使以下二十名謂之東班，洛苑使以下二十名謂之西班，初猶有正官充者，其後但以檢校官爲之」。

⑲唐代內侍王守琦之父王意通，即曾爲「內酒坊使」。詳見《八瓊室金石補正》（石刻史料新編、第一輯）卷七十五、王守琦墓誌。

⑳唐代宦官魚朝恩即曾任「內弓箭庫使」，詳見《全唐文》（台南、經緯書局、一九六五年版）卷四十八、命魚朝恩判國子監事敕。

㉑《資治通鑑》卷二七五、後唐天成二年正月、頁九〇〇〇：「內八作使楊令芝以事入蜀。」

㉒唐內侍劉遵禮即任「內莊宅使」，詳見《全唐文》卷七四七、劉遵禮墓誌。

㉓《宋史》卷一六九、職官九、頁四〇二九—四〇三三，錄武臣三班借職至節度使敘遷之制，於「皇城使」條目下，即謂：「凡已上使、副，除皇城使係東班，餘並西班。其東班翰林以下十九司使、副，雖有

見在官及遷轉法，並授技術官。」對於「東班」由翰林使、副至皇城使二十司名，宋史職官志顯然未見詳述。此項觀察，日本學者梅原郁在其《宋代官僚制度之研究》（同朋舍刊、一九八五年版）一書亦有述及。

㉔《群書考索》、《後集》、卷四、官制門、頁五一七—五一八：「……以內客省使、引進、四方館、東西上閤門使爲橫行……以橫行使及諸司使帶防禦、團練使、刺史爲遙郡……自遙郡而上名俸皆厚。」

㉕《宋史》卷一六九、職官九、頁四〇三五，載橫行使及諸司使臣遙領外，亦設特恩遷轉之例，即由皇城使而轉昭宣使、而宣政使、宣慶使、景福殿使、最後至延福宮使，於眞宗時期尤爲全備。詳見梁天錫《宋代祠祿制度考實》（香港、龍門書店、一九七八年版。）第一章：祠祿制之產生及其發展、頁一—二十一。

㉖同註⑳，宦官魚朝恩亦同時爲「鴻臚禮賓使」。

㉗唐代仇士良即曾任染坊使，詳見《全唐文》卷七九〇、仇士良碑。

㉘唐代李輔國兼栽接使之銜，詳見《全唐文》卷四十三、加李輔國兵部尙書詔。

㉙《五代會要》卷二十四、諸使雜錄條，載梁諸司使名，有「內園栽接使」，頁三六八。又《舊五代史》卷三十二、後唐同光二年五月壬寅條：「以教坊使陳俊爲景州刺史，內園使」，其下註謂：「《歐陽史》作內園栽接使。考《五代會要》，內園栽接使係梁時雜使創置之官。」頁四三五。

㉚孫逢吉《職官分紀》（四庫全書珍本初集、上海商務印書館、一九三四年版）卷四十四、橫行東西班大

小使臣、六宅使、副使條目謂：「唐置十宅六宅使，以諸王所屬爲名，或總云十六宅，後止云六宅，國朝因之。」頁十四。

㉛ 同註㉒，唐代劉遵禮亦曾兼「內莊宅使」。

㉜ 《職官分紀》卷四十四、東西作坊使、副使條謂：「唐有作坊，五代置使，國朝因之。」頁十三。

㉝ 同書卷、左藏庫使、副使條謂：「唐以太府少卿知左藏出納，五代有使，國朝因之。」頁十三。

㉞ 《五代會要》卷二十四、諸使雜錄條，梁朝有「飛龍使」與「天驥使」，而「天驥使」前身爲「小馬坊使」，梁承唐末之制，於開平元年五月改小馬坊使爲天驥使，頁三八八。

㉟ 《職官分紀》卷四十四、左右騏驥院使、副使條謂：「五代梁改小馬坊使爲天驥。後唐復爲飛龍小馬坊使。長興元年，改飛龍院爲左飛龍院。小馬坊爲右飛龍院，頁十三。

㊱ 天驥使與小馬坊使關係密切，職名互有更換，然終演變成左右騏驥院使。同書卷謂：「國朝太平興國三年，改(左右飛龍院)左右天廄坊，雍熙二年又改左右騏驥院，使名從之。」頁十三。

㊲ 同註㉘，唐代李輔國亦兼「宮院使」，五代至宋，此職便爲「宮苑使」。

㊳ 《職官分紀》卷四十四、法酒庫使、副使條謂：「周太祖平河中，得酒工王恩，善造法麯酒，因置法酒庫使。」頁十二。

㊴ 同書卷、鞍轡庫使、副使條謂：「唐神策有御鞍轡庫，五代置使，國朝因之。」頁十二。

㊵ 同註⑲，又《職官分紀》卷四十四、酒坊使副使條謂：「唐有酒坊使，國朝初加「內」字，後去之。」

頁十二。《職官分紀》解釋似略有出入，唐代初設者應為內酒坊使，至五代職名治用，及宋初亦不廢，此所以仍存「內」字。

㊶《職官分紀》卷四十四、氈毯使、副使條謂：「唐有氈坊、毯坊使，五代合為一，國朝因之。」頁十二。

㊷《資治通鑑》卷二七五、後唐天成二年正月條：「內八作使楊令芝從事入蜀……。」頁九〇〇〇。

㊸同註⑳。

㊹《職官分紀》卷四十四、儀鸞使、副使條謂：「唐置營幕使，後置同知院使。五代梁開平初，改儀鸞使。國朝，置儀鸞使、副使。」頁十一。

㊺同書卷、軍器庫使、副使條謂：「五代有武備庫。」頁十一、又《五代會要》卷二十四、諸使雜錄條，梁有「武備庫使」，頁三八八。

㊻《職官分紀》卷四十四、御廚使、副使條謂、「五代梁以御食使為司膳使，國朝置御廚使。」頁十一。

㊼同書卷、翰林使、副使條謂、「唐有翰林使掌伎術之待詔者。五代有翰林茶酒使。國朝初有茶酒使，後止名翰林使。」頁十—十一。

㊽《舊五代史》卷五十一、李從璨傳、頁六九五：「明宗幸汴，留從璨為大內皇城使。」

㊾《職官分紀》卷四十四、四方館條謂：「國朝四方館在朝堂門外，使客則客省、引進、閤門使副兼掌」，又使條謂：「唐四方館以通事舍人判歷中書省。五代晉始以卿監專判館。國朝初，以檢較官判館，淳

化四年，改置使名。」至於東、西上閤門使、引進使、客省使，詳見《五代會要》卷二十四、諸使雜錄條，頁三六八。而內客省使，《職官分紀》雖未言創於五代，然《舊五代史》卷六六、朱弘昭傳，頁八七六載：「天成元年，為文思使……充內客省使……。」知五代後唐時期，已有內客省使。

㊿ 唐代李輔國兼營田使之銜，詳見《全唐文》卷四十三、如李輔國兵部尚書詔。

51 《新唐書》卷二〇七、吐突承璀傳，即載其兼館驛使、糧料使。

52 唐代宦官者吳承泌即曾為解縣榷稅使。詳見《全唐文》卷八四一、裴廷裕，內樞密使吳承泌墓誌。

53 唐代之鐵冶使，多在神策軍名義下監之，宦官張綰即帶此職。詳見《山右石刻叢編》（台北、藝文印書館、一九六七年版）卷六、慶唐觀紀聖銘，內侍省內府局丞張綰題名之職銜。

54 唐代內侍李輔光即曾為絳卅銅冶使。詳見《全唐文》卷七一七、崔元略，內侍李輔光墓誌。

55 《唐會要》卷七十二、京城諸軍、元和十三年四月條：「舊制，內官為六軍辟仗使，監視刑賞，奏察違謬，猶外征方鎮之監軍使。」

56 唐代李輔國曾兼長春宮使，詳見《全唐文》卷四十三、加李輔國兵部尚書詔。

57 唐代宦官西門珍曾為會仙院使、十王宅使。詳見《唐文拾遺》卷二十五、西門元佐，宮闈令西門珍墓誌。

58 《資治通鑑》卷二三七、元和元年八月條謂：「堂後主書滑渙久在中書，與知樞密劉光琦相結，宰相議事，有與光琦異者，令渙達意，常得所欲。」

(59) 洪邁《容齋隨筆》（上海、古籍出版社、一九八七年七月版）、容齋三筆、卷四、樞密稱呼條、頁四五六。

(60) 《舊五代史》卷五十七、郭崇韜傳、頁七六七：「初，崇韜與李紹宏同爲內職。及莊宗即位，崇韜以紹宏素在己上，舊人難制，即奏澤潞監軍張居翰同掌樞密，以紹宏爲宣徽使。紹宏大失所望，泣涕憤鬱。」

(61) 同書卷、頁七六三：「武皇用爲典謁，奉使鳳翔稱旨，署教練使……莊宗嗣位，尤器重之。天祐十四年，用爲中門副使，與孟知祥、李紹宏俱參機要……。」又同書、卷七十二、頁九四九－九五一：「武皇之討王行瑜，承業累奉使渭北，因留監武皇軍事……武皇病篤，啓手之夕，召承業屬之……承業感武皇厚遇，自莊宗在魏州垂十年，太原軍國政事，一委承業……。」

(62) 《舊五代史》卷四、後梁開平二年八月辛亥條、頁六四：「詔禁戢諸軍節級兵士及供奉官受旨殿直以下各脩禮敬。」其間受旨即承旨，可知三班官內容皆承唐制。

(63) 《宋史》卷二六一、陳思讓傳、頁九〇三八。

(64) 《宋史》卷二六一、劉重進傳、頁九〇四四。

(65) 《宋史》卷二五五、宋偓傳、頁八九〇五。同書、卷二七三、李謙溥傳、頁九三三七。

(66) 《宋史》卷二七四、田欽祚傳、頁九三五九。

(67) 同書卷、翟守素傳、頁九三六一。

㊽《宋史》卷二七三、何繼筠傳、頁九三二六。

㊾同註㊸，頁九〇三八：「思讓初隸莊宗帳下，即位，補右班殿直。晉天福中，改東頭供奉官，再遷作坊使。」

㊿段凝初爲東頭供奉官，詳見於《舊五代史》卷七十三、段凝傳、頁九六二。其後則累遷莊宅使，見同書、卷十、梁貞明六年六月條，頁一四三。

(71)例如《宋史》卷二五五、王全斌傳、頁八九一九即謂「因以（全斌）隸帳下。及莊家入洛，累歷內職。」此外，同書、卷二五三、郭從義傳，頁八八五〇，亦只云：「從義補內職，累遷內園使」而已。同書卷二五八……曹彬傳、頁八九七八則謂：「復忝內職……遷客省使」。

(72)《舊五代史》卷十九、胡規傳、頁二六四：「昭宗還長安，詔授皇城使。及東遷，以爲御營使。駕至洛，授內園莊宅使。」

(73)《舊五代史》卷七十二、孟漢瓊傳、頁九五五。

(74)《舊五代史》卷六十六、朱弘昭傳、頁八七六：「天成元年，爲文思使……二年餘……充內客省使。三年，轉宣徽南院使。」

(75)《舊五代史》卷九十、李承福傳、頁一一九二。

(76)《舊五代史》卷九十六、劉遂清傳、頁一二七六：「初事梁爲保鑾軍使，歷內諸司使……高祖即位之二年……授內客省使……六年，駕幸鄴都，轉宣徽北院使兼判三司……。」

⑰同書卷，頁一二七八：「唐天成中，高祖鎭鄴都，繼勳時爲客將……及即位，擢爲閤門使……自宣徽北院使拜華州刺史。」

⑱《舊五代史》卷八十八、李彥韜傳、頁一一四六：「（晉）少帝留守北京，因留彥韜爲腹心，歷客將、牙門都校……及少帝嗣位，授蔡州刺史，入爲內客省使、宣徽南院使」。

⑲《宋史》卷二五五、王繼濤傳、頁八九二八。

⑳《宋史》卷二七四、盧懷忠傳、頁九三五二：「漢乾祐初，寓居河中……河中平，奏補供奉官……世宗議北征……三關平，遷如京副使。」

㉑《宋史》卷二五五、康延澤傳、頁八九二六：「天福中，以蔭補供奉官。周廣順二年，永興李洪信入覲，遣延澤往巡檢，遷內染院副使。」

㉒《宋史》卷二五一、慕容延釗傳、頁八八三四。

㉓《宋史》卷二五七、李處耘傳附李繼隆傳、頁八八六三—八九六四：「及長，以父蔭補供奉官……江南平，錄功遷莊宅副使。」

㉔《宋史》卷二五二、王晏傳附王廷義傳、頁八八四七。

㉕《宋史》卷二七〇、魏丕傳、頁九二七六：「世宗征淮甸，丕獲江南諜者四人，部送行在……遷供奉官、供備庫副使。太祖即位，改作坊副使……。」

㉖《宋史》卷二五八、潘美傳、頁八九九〇：「周世宗爲開封府尹，美以中涓事世宗。及即位，補供奉官

。高平之戰，美以功遷西上閤門副使。出監陝州軍，改引進使。」

(87)《宋史》卷二五八、曹彬傳、頁八九七七：「隸世宗帳下，從鎭澶淵，補供奉官……顯德三年，改潼關監軍，遷西上閤門使。」

(88)蓋曹彬之從母，乃周太祖貴妃張氏。故周祖受禪，即隸周世宗帳下，與世宗爲同輩之交。詳見《宋史》卷二五八、曹彬傳、頁八九七七。

(89)《宋史》卷二五〇、王彥昇傳、頁八八二八：「初事宦官驃騎大將軍孟漢瓊，漢瓊以其趫勇，言於明宗，補東班承旨。晉天福中，轉內殿直。開運初，契丹圍大名，少帝幸澶淵……以功遷護聖指揮使。」

(90)《宋史》卷二五九、郭守文傳、頁八九九八：「父暉，士漢爲護聖軍使，從周祖征河中，戰死。守文年十四，居喪哀毀，周祖憐之，召隸帳下。廣順初，補左班殿直，再遷東第二班副都知。」

(91)《宋史》卷二七一、王晉卿傳、頁九二九五：「周世宗在澶淵，晉卿以武藝求見，得隸帳下。及即位，補東頭供奉官……洎北征，爲先鋒都監，督戰有功，詔權控鶴都虞候……顯德四年，爲龍捷右第一軍都指揮使……。」

(92)《宋史》卷二五〇、韓重贇傳、頁八八二三：「少以武勇隸周太祖麾下。廣順初，補左班殿直副都知。從世宗戰高平，以功遷鐵騎指揮使。從征淮南，先登中流矢，轉都虞候。俄遷控鶴軍都指揮使……。」

(93)《宋史》卷二五五、張永德傳、頁八九一三—八九一四：「周祖爲樞密使，表永德授供奉官押班……周祖登位，封永德妻爲晉國公主，授永德左衛將軍、內殿直小底四班都知……逾年，擢爲殿前都虞候……

。」

⑭《宋史》卷二七三、董遵誨傳、頁九三四二：「周顯德初，世宗北征，大將高懷德，遵誨之舅也。表遵誨從行……二年，討秦、鳳，大將韓通又表誨自隨……師還，錄其前後功，補東西班押班，又遷驍武指揮使。」

⑮《宋史》卷二五四、趙晁傳附趙延溥傳、頁八八九九：「周顯德，以父任補左班殿直。宋初爲鐵騎指揮使。」

⑯《宋史》卷二六一、張鐸附張禹珪傳、頁九〇四八：「幼事太宗藩邸。即位，補東西班承旨，改殿直，帶御器械。以材勇居禁衛，殿前散祗候都虞候。」

⑰《宋史》卷二七九、耿全斌傳、頁九四九〇：「後游京師，屬太宗在藩邸，全斌候拜於中衢，自薦材幹，得召試武藝、以善左射，隸帳下。即位，補東班承旨，稍遷驍猛副兵馬使。從征太原……遷補日騎副兵馬使、雲騎軍使……端拱初，擊蕃部於宥州，敗之。歷雲騎指揮使……。」

⑱《宋史》卷二七九、呼延贊傳、頁九四八八：「贊少爲驍騎卒，太祖以其材勇，補東班長，入承旨，遷驍雄軍使。從王全斌討西川，身當前鋒，中數創，以功補副指揮使。太平興國初，太宗親選軍校，以贊爲鐵騎軍指揮使。」

⑲李燾《續資治通鑑長編》（下簡稱爲《長編》）（北京、中華書局、一九七九年八月初版）卷九、開寶元年十月條、頁二十：「初，上遣諜者惠璘僞稱殿前散指揮使負罪奔北漢，無爲使爲供奉官……。」

⑽《宋史》卷二五五、王繼濤傳、頁八九二八。

⑽《宋史》卷二五二、王景傳、頁八八四七。

⑽《宋史》卷二五一、慕容延釗傳、頁八八三四。

⑽《舊五代史》卷二十、劉捍傳、頁二七二：「太祖受禪，授左龍虎統軍兼元從親軍馬步都虞候。及上黨纏兵，太祖親往巡撫，以捍爲御營使。大軍次昴車，斥候來告蕃戎逼澤州，命捍以兵千人赴之……授捍侍衛親軍都指揮使。」

⑽《舊五代史》卷十四、趙犨傳附趙嚴傳、頁一九五：「（開平二年）十二月，授右羽林統軍，改右衛上將軍，充大內皇牆使……其後累歷近職，連典禁軍。」

⑽《舊五代史》卷九、後梁貞明三年十月辛丑朔條：「以洛苑使、金紫光祿大夫、檢校司徒，守左威衛大將軍董璋爲右虎統軍。」

⑽《舊五代史》卷八十八、李從璋傳、頁一一五四：「後唐明宗皇帝之猶子也……明宗即位，受詔領捧聖左廂都指揮使，時天成元年五月也。八月，改大內皇城使……。」

⑽《宋史》卷二五五、王全斌傳、頁八九一九：「其父事莊宗……因以隸帳下，及莊宗入洛，累歷內職……明宗即位，補禁軍列校。晉初……以功遷護聖指揮使。」

⑽《宋史》卷二五二、郭從義傳、頁八八五〇：「明宗與（其父）詔古同事武皇，情好款押，即位，以從義補內職，累遷內園使……漢祖在鎭，表爲馬步軍都虞候……。」

⑽《舊五代史》卷九、後梁貞明四年四月丁未、頁一三三：「以宣徽使、右衛上將軍趙穀權知青州軍州事，以宣徽院副使韋堅權知本院事。」條下註云：「考《五代會要》，宣徽院次於樞密院。」

⑾《資治通鑑》卷二七六、後唐天成三年三月、頁九〇一四。

⑿《資治通鑑》卷二七七、後唐長興二年五月己卯條、頁九〇五八。

⒀《資治通鑑》卷二七九、後唐清泰二年九月己卯條、頁九一三三。

⒁《舊五代史》卷六十九、張延朗傳、頁九一九：「事梁，以租庸吏爲鄆州糧料使。明宗克鄆州，得延朗，復以爲糧料使，後徙鎮宣武、成德，以爲元從孔目官。長興元年，始置三司使……詔以延朗充三司使。」又同書卷三十九、後唐天成三年三月戊辰條、頁五三六：「以宣徽南院使范延光爲樞密使，以宣徽北院使、判三司張延朗爲宣徽南院使。」

⒂《舊五代史》卷七十二、孟漢瓊傳、頁九五五：「本鎮州王鎔之小豎也。明宗鎮常山，得侍左右，明宗即位，自諸司使累遷宣徽南院使。」

⒃《舊五代史》卷四十六、後唐清泰元年五月丙午條、頁六三四：「以莊宅使劉延朗爲樞密副使。」又同書、卷四十七、後唐清泰二年四月辛卯條、頁六四七：「以樞密副使劉延朗爲左領軍上將軍，充宣徽北院使兼樞密副使。」

⒄《資治通鑑》卷二七二、後唐同光元年四月、頁八八八三：「初，李紹宏爲中門使，郭崇韜副之。至是，自幽州召還……以紹宏爲宣徽使。」

⑰《舊五代史》卷六十六、朱弘昭傳、頁八七六：「弘昭事明宗，在藩方爲典客。天成元年，爲文思使…
…三年，轉宣徽南院使。」

⑱《舊五代史》卷九十七、范延光傳、頁一二八五：「少隸於郡牙，唐明宗牧相州，收爲親校……明宗登
極，擢爲宣徽使。」

⑲《舊五代史》卷九三、李專美傳、頁一二二九：「末帝留守長安，奏爲從事，及移鎭鳳翔，遷爲記室。
末帝即位，除尙書庫部郎中，賜金紫，充樞密院直學士……明年，遷兵部侍郎、端明殿學士，未幾……
充宣徽北院使。」

⑳《舊五代史》卷九八、趙延壽傳、頁一三一一：「及長，尙明宗興平公主。初爲汴州司馬，明宗即位，
授汝州刺史，歷河陽、宋州節度使，入爲上將軍，充宣徽使。」

㉑《舊五代史》卷六九、劉延皓傳、頁九二一：「延皓即劉后之弟也。末帝鎭鳳翔，署延皓元隨都校……
清泰元年，除宮苑使，加檢校司空，俄改宣徽南院使。」

㉒《舊五代史》卷三十九、後唐天成二年三月戊辰條、頁五三六：「以宣徽北院使、判三司張延朗爲宣徽
南院使。」同書、卷四十、後四十、後唐天成四年正月壬辰條、頁五四七：「以北京副留守馮贇爲宣徽
使、判三司。」

㉓《舊五代史》卷四十五、後唐長興四年十二月庚申條、頁六一四。

㉔《舊五代史》卷四十七、後唐清泰二年四月辛卯條、頁六四七：「以樞密副使劉延朗爲左領軍上將軍，

充宣徽北院使兼樞密副使。」

⑫⑤《資治通鑑》卷二七三、後唐同光二年二月、頁八九一五。

⑫⑥《舊五代史》卷九十七、范延光傳、頁一二八六：「明宗登極，擢爲宣徽使……明年，遷樞密使。」

⑫⑦《舊五代史》卷九十八、趙延壽傳、頁一三一一：「明宗即位……充宣徽使，遷樞密使，兼鎮徐州。」

⑫⑧《舊五代史》卷九十六、房暠傳、頁一二七七：「及末帝登極，歷南北院宣徽使，尋與趙延壽同爲樞密使。」

⑫⑨《舊五代史》卷六九、劉延皓傳、頁九二一：「清泰元年，除宮苑使……俄改宣徽南院使、檢校司徒。二年，遷樞密使。」

⑬⓪《舊五代史》卷一二九、翟光鄴傳、頁一六九八—一六九九：「開運初，授宣徽使……契丹入汴……以光鄴明宗舊臣，署爲樞密使……太祖踐阼，復授宣徽使……數月，兼樞密副使」。

⑬①《宋史》卷二六一、王仁鎬傳、頁九〇三七：「周祖鎮鄴，表仁鎬爲副留守……周祖即位……入爲右衛大將軍，充宣徽北院使兼樞密副使。」

⑬②《舊五代史》卷九十四、劉處讓傳、頁一二五〇—一二五一：「及（晉）高祖舉義於太原，處讓從至洛陽，乃授宣徽北院使。天福二年，轉左監門衛上將軍，充宣徽南院使……以處讓爲樞密使。」

⑬③《舊五代史》卷一三〇、王峻傳、頁一七一一—一七一二：「清泰末，延朗誅，漢祖盡得延朗之資產僕從，而峻在籍中，從歷數鎮，常爲典客。漢祖踐阼，授客省使……入爲內客使……未幾，改宣徽北院使

……轉南院使……京師平定，受漢太后令，充樞密使。」

⑬④《宋史》卷二五七、吳廷祚傳、頁八九四七：「世宗即位，遷右羽林統軍、充內客省使。未幾，宣徽北院使……俄遷宣徽南院使……世宗北征……師還，以廷祚爲左驍衛上將軍，檢校太傅，充樞密使。」

⑬⑤《資治通鑑》卷二八一、後晉天福二年六月、頁九一七四—九一七六：「六宅使張言奉使魏州還，言延光反狀……范延光以馮暉爲都部署，孫鋭爲兵馬都監，將步騎二萬循河西抵黎陽口……詔宣徽使劉處讓自黎陽分兵討之。」

⑬⑥《宋史》卷二五四、張從恩傳、頁八八八六：「晉祖鎮河東，爲少帝娶從恩女……歷樞密副使、宣徽南院使、權西京留守，俄判三司。安從進叛於襄陽，以從恩爲行營兵馬都監。」

⑬⑦《舊五代史》卷一三〇、王峻傳、頁一七一一：「及趙思綰作亂於永興，漢隱帝命郭從義討之，以峻爲兵馬都監」。又同書、卷一〇二、後漢乾祐二年七月乙未條、頁一三六〇：「宣徽南院使、永興行營兵馬都監王峻，宣徽北院使、河府行營兵馬都監吳虔裕，並加檢校太傅。」

⑬⑧《資治通鑑》卷二九一、後周顯德元年三月、頁九五〇三：「北漢乘勝進通潞州……詔河中節度使王彥超引兵自晉州東北邀北漢……宣徽使向訓監之。」又《舊五代史》卷一三〇、王峻傳、頁一七一二—一七一三。

⑬⑨《資治通鑑》卷二九二、後周顯德二年七月丁卯朔，以王景兼西南行營都招討使，向訓兼行營兵馬都監，」頁九五二九。

⑭《宋史》卷一六二、職官二、宣徽院條：「……（熙寧）九年年，詔：今後遇以職事侍殿上，或中書、樞密院合班問聖體，及非次慶賀，並特序二府班。官制行，罷宣徽院，以職事分隸省、寺，而使號猶存。」頁三八〇六。

⑭《長編》卷二十八、太宗雍熙四年七月條：「詔即內客省使廳事置三班院，以崇儀副使蔚進知院事。」頁六三八。

肆、宋初之三班官制及其改革

宋初之承旨、殿直與供奉官之設立，無疑是五代三班官制之延續。所不同者，在於三者已經是宋初三班官之全盤內容。舊日於五代時期，在三班基礎上還發展出之上層制度，包括了都知、副都知、押班等官制，到了五代後期逐步納入了軍隊之編制中。親軍之龐大力量，成爲五代周世宗得以進行統一工作之資本。使臣因軍隊之專業化，在職能上呈現大幅度之萎縮。與帝王親近之關係亦日形下降。在後周殿前親軍制度建立以前之三班官，還大抵能避免此種厄運。他們仍能通過較早前在藩鎭時期之親從關係，及時平步而上，擔任高級之軍事角色。例如曹彬①、潘美②、李崇矩③、韓重贇④、王晉卿⑤等人，莫不在五代宋初擔當樞密使或高層禁軍將領。到了宋太祖、太宗時期之三班官，便鮮有如此特出之表現了。然而宋初承五代戰亂，國家還進行統一過程。故此，宋初之三班官，仍部份保留了五代之面目，在官階與差遣工作之間，還未建立一套嚴格之配置方法。甚至還能夠隱約察看三班官上層之官職，即都知、副都知、押班等官員痕蹟。但是，踏入宋代中期以後，三班官之上層結構已經少爲時人所覺察。就是仁宗時期之大臣如呂夷簡者，對於宋初之親從使臣，有都知、押班等官制設置之事實，亦不能明瞭⑥。

若認眞追溯三班官制中，上層與下層之徹底分離時間，恐怕要到了太宗後期之事。由雍熙、端拱而淳化，當國家眞正走向統一之時候，太宗便刻意規劃嚴密而有序之三班官階。以既有之承旨、殿直、供奉官爲基礎，加入侍禁、奉職、借職等新名目，遂建立一套宋代特有之「小使臣」階制⑦，在精神上與五代之三班制截然不同。五代大部份時期陷於割據紛亂，由藩鎭出身之統治帝王，須要通過對三班官之實職任使，以達到帝王監察之意味，加强對局部地區之管治能力。宋代初期，天下已定，首要任務在吸納、安撫舊日藩鎭管治下之官員勢力，以打通中央與地方之關係。而日漸式微之三班官，正好配置爲吸納中央以外多種官員類目之劃一官階，位於諸司副使之下，成爲地方元從上進之必然途徑。在這種情況下，三班官階必成爲有名而無實，只供寄祿而不付實權。既可融和中央與地方官制之差異，亦可在不知不覺間收回原有之職權，再通過差遣之方式以行使實權。故此三班官階重整完成，差遣之方式與類目始能夠充份發揮。

一、宋初三班職名考實

嚴格而言，宋人對三班官職名，存在著若干程度之混淆與謬誤。對於三班官制主要根源於五代之觀念很薄弱。故此述說三班官某種內容時，多用太宗後期三班官現象作起點。忽略了三班官制對前代之繼承。對「三班」概念之含糊不清，將嚴重阻礙我們了解整個官制演變之脈絡，故此下文先對宋初三班職名進行考實。

宋初承五代之亂，於典章制度之重整確下過不少心力，然而對官制考証，與眞實頗多出入。大抵因爲宋代官制，襲用唐末五代使職之名甚多，最後還成爲部份中央官名之外殼。又復於中央使職以外，重振舊唐以還中書、六部、九寺之中央官。故此，在追溯唐宋之間職官之源流與職責時，了解未深。這種情況，尤容易發生於對宋初承唐末五代之使職而言。歐陽修《集古錄跋尾》卷九、唐康約言碑即謂：「唐自開元以後，職官益濫，始有置使之名。歷五代迄今，多因而不廢。世徒知今之使額非古官，襲唐舊號，而不知皆唐宦者之職。」可知宋人對使職實認不深。對於宋初三班官之概念，似乎亦難避免此種情況。

撇開對三班官制上層，即都知、副都知、押班官等職名之不覺察以外，單從較底層、平面之三班基本要素，就觀察所得，宋人已經具幾種不同之見解。第一種見解，認爲三班就是指承旨、殿直、供奉官，從屬三種不同之職名，各歸各班。李燾《續資治通鑑長編》卷廿二、太平興國六年（九八一年）二月，即謂：「國初，以供奉官、殿直、承旨爲三班，隸宣徽院。」⑧。可知其認爲承旨班、殿直班、供奉班合而爲三班。事實上，所謂三班公事之職名、或三班院之設立，其職責之精神，就是要將宣徽院下之供奉官、殿直、承旨，另立門戶，加以管理。

另一種見解，認爲國初所謂三班，主要是按分班之次序而言，並非必然爲三種絕對不同之官名。

其中以曾鞏與葉夢得之見解具代表性。《曾鞏集》卷三十一、再議經費箚子條謂：「按國初承舊，以供奉官、左右班殿直爲三班，立都知行首領之。又有殿前承旨班院，別立行首領之。端拱以後，分東西供奉，又置左石侍禁及承旨借職，皆領於三班。三班之稱亦不改。」⑨而葉夢得之見解，與曾鞏差不多，文字上相類處甚多⑩，或曾參考過曾氏之意見而加以潤飾。《石林燕語》卷八謂：「國初，以供奉官、左右班殿直爲三班，後有殿前承旨班。端拱後，分供奉官爲東西，又置左右侍禁借職，皆領於三班院，而仍稱三班，不改其初。」⑪所謂殿前承旨班，大抵就是指承旨而言，在使臣之地位中，僅次於供奉官、殿直。在五代後晉天福時期，曾一度欲以殿前承旨取替殿直職能⑫，終不及殿直之親信而排於其後。上述二人之見解，排除了承旨班爲國初三班內容之一的可能性。換言之，左、右班殿直各佔一班，與供奉官班合而爲三班，其後遂因職名增多，供奉官再分東西，又加置左右侍禁、借職等官序於其間，而沿用之三班職名卻不改動。

此外，趙彥衛《雲麓漫鈔》卷四，對宋初三班職名有以下見解，其謂：「初，武官處以三班，號祗應官，有左、右班，供奉班是也。至太宗，以其資品少，又創三班借職，三班奉職，左右侍禁、左右殿直、東西頭供奉官，有司號爲小使臣，內殿崇班、內殿承制爲大使臣。」⑬其間語意略有不詳，究竟左、右班所指爲何，未見交代。然而從上述各種資料顯示，緊隨著供奉班者，是殿直班之機會，遠較承旨班爲大。若此論成立，則驟眼觀之，與曾鞏等人見解相差不大。唯何以不明言左、右班所指實爲殿直，則或有與曾鞏具不盡同之深意。曾氏强調的是太宗端拱時期分出東西頭供奉，而左右班殿直國初已存在，並非首創。趙氏强調的則是東西頭供奉與左右班殿直皆太宗時始創置，然則若明言國初已存在著左右班爲殿直，無疑自相矛盾，故含糊其詞。

大體而言，上述無論是那種見解，皆各自存有疑點。其間以《雲麓漫鈔》說法出入較大，疑點亦較多。考唐末五代至宋初之三班制度，所謂承旨、殿直、供奉官等職名，皆非宋初產物。早於中唐以後，供奉官已分爲東頭與西頭⑭，五代至宋初，此制因而未改，例如後晉時期之劉重進，便以西頭供奉官出使契丹⑮。同期之陳思讓，則以東頭供奉官遷作坊使⑯。宋初建隆年間，沈繼宗即以其父樞密副使沈倫，補蔭爲西頭供奉官⑰。太宗太平興國初年之趙鎔，亦因以刀筆事太宗而得東頭供奉官之職⑱。故供奉官分爲東西頭，必不至遲於太宗端拱時期始首創。同樣情況，殿直之制自唐末至宋初亦沿用未衰，後晉之陳思讓與劉重進二人，在未爲供奉官以前，皆曾任右班殿直⑲。後周時期之郭守文則曾任左班殿直⑳。太祖開寶年間之李繼昌，爲右班殿直㉑，太宗太平興國初之張遜，則爲左班殿直㉒。《雲麓漫鈔》對三班職名之敘說，在內容上除了產生自相矛盾、語意不清之問題外，最大之謬誤，在於對三班設置時間之理解不深。太宗端拱以後之三班新制，其實是在舊基礎上加以完成的。能稱得上創設之職名，只有三班借職、三班奉職與左右侍禁，至於左右班殿直、東西頭供奉官，其淵源甚早，絕對非太宗以後才陸續創設。故曾氏述東西頭供奉時，只謂「分出」而非「創立」，彈性較大。

曾鞏之說法，疑點較《雲麓漫鈔》爲少，主要之爭論焦點非在殿直，而在供奉官與承旨。其以承旨實不入於三班範圍而是另設班院，供奉官則至太宗時始分東、西。對於承旨不入三班之見解，由於缺乏資料，故難以討論，但從某種現象觀察，不能忽略其中可能性。至於供奉官分東西班之時序，則應早於太宗端拱已有，由前面所舉例子可知。若東西頭供奉班在宋初已具備，則何以獨將殿直分左右兩班計，而不以東西頭二班列入計算。可見以班數爲統計基準，於解釋三班名稱時略見牽強。大抵由於以班數計算，左右殿直便已各佔兩班，不得不將供奉官縮爲一整班計所致。

李燾《長編》對三班職名之解釋，是較爲切合歷史之發展規律。自唐末以還，供奉官、殿直、承旨已成爲宣徽院下常見之低級使臣名目，雖然其間職名偶有更改㉓，然整體制度健全。五代以還，三者發展迅速，供奉官固有東西頭之分，殿直亦分置左右班，至於承旨也分作東西班㉔，其上甚至有押班、都知等上層官制分領各班，其間官職之擴充並非延至宋代始置。太宗端拱、淳化時期之三班改革，重點並非改變原有承旨、殿直、供奉官之級序，而是欲徹底與舊日上層之官職分離，在三班基礎上再增添內容，使成爲更具系統，純粹寄祿之官階，以適應統一趨勢下之要求。李燾大抵是看到這種歷史事實，故此沒有與《石林燕語》或《雲麓漫鈔》相同之說法。但這並非表示三班必然就是承旨、殿直、供奉官三者之結合。這種說法，也有它的問題存在。三班之中，結合形式至薄弱者爲承旨班，唐末五代，供奉官與殿直顯得甚爲活躍，相比之下，承旨之出現便顯然遜色得多，除了在唐代時與前二者關係較密切外㉕，於五代大部份時間內並不多見，能否於供奉官、殿直鼎立自成一班，亦不無疑問。曾鞏於神宗時掌職過三班院，對三班由來似曾作較深入研究過。其謂：「臣之所知者，三班也。」㉖又曾謂：「待罪三班，獲因職事，考於載籍……得以推其事實，審其源流。」㉗，故此其見解應該有相當份量。曾氏未以殿前承旨班入於三班而自立一班，或經考究。此所以其論說不無根據。

總而言之，單就宋初三班之職名之考索問題上，宋人已經有幾種不同之說法。從上述之論証觀之，以李燾和曾鞏二人之見解較爲可取。兩者雖互有矛盾，然而又在一定程度上互相補充。其間二者說法亦具共通之處。起碼說明了供奉官、殿直爲三班必要之內容，及至太宗端拱時期，再在此基礎上逐步發展，成爲階級深嚴之低級武階制度。循歷史之演進規律，李燾之說法大致能夠符合這種要求，也較爲一般史家所採用㉘，但未可視爲實論。李燾與曾鞏對三班官制之熟悉，比較當日一般宋人之了解爲深。對於舊日三班官制上層之官職，包括都知、押班等職，就只有曾鞏始能覺察得到。李燾修《長編》或許也曾覺知，此所以在《長編》中記太祖、太宗初年之事時，多有述及此等官職。然而，太宗三班官制改革後，三班官階至純，爲了避免亂祖宗法制之嫌，對三班官制原有之上層面貌，亦不能過份强調，蓋已經逐步被吸納進親軍系統了。

三班職名之模糊不清，與其時代背景不無關係。首先，宋代之武職，主要由唐五代之使職而來，於恢復中央官職同時，容易造成職能上之混淆。其次，宋人於典章制度，述文官制度者繁，述武官制度者略，多少受著文人意識之影響。加上以述高官者爲貴，以述下級武官爲賤，不屑深究，亦造成研究之中的障礙。以宋代葉夢得爲例，可說是研究典章制度之表表者，於《石林燕語》卷五，謂唐末五代武選，已有東西頭供奉、左右班侍禁㉙，旋又於卷八謂太宗端拱以後，始分東西頭供奉，又置左右侍禁㉚，二者顯然甚爲矛盾，可知多取他見而未經個人消化所致。至於五代宋初，久經戰亂，文物典章殘破不全，至太宗時期始著意重修綱紀，才初具規模，故宋人於可找尋之三班資料中，往往只能上溯太宗朝之狀態。對於三班制度之歷史源流演變，其上層職官與親軍建立之關係，未作深究，似乎也造成不能避免之隔膜。

二、太祖、太宗前期三班官制之承襲與演變

太祖之黃袍加身，創建隆元號，基本上只代表著兵變之成功，把握了京師控制之權力，離國家統一之目標還遠。事實上，從各從蹟象看來，世祖之得位，在很多太宗時期之重臣心目中，仍然不能接受，即如宰相王溥、魏仁浦出見太祖時頗見被逼㉛。而李筠之叛亂，乃全賴石守信、高懷德率兵平定㉜。此外又有李重進之亂，也是石守信、王審琦、李處耘、宋延渥四將討平㉝。除了突發之將領叛變外，對於地方上根深蒂固之割據勢力，宋室還要經過很長之時間始一一討拔。故而引出漫長之先南後北政策，《楊文公談苑》即謂：

太祖皇帝得天下，破上黨取李筠，征維揚誅李重進，皆一舉蕩滅……嘗語太宗曰：中國自五代以來，兵連禍結，帑稟虛竭，必先取西川，次及荆、廣、江南，則國用富饒矣。今之勍敵，正在契丹，自開運已後，益輕中國。河東正扼兩蕃……莫若且存繼元（北漢主），爲我屏翰，俟我完實，取之未晚。故太祖末年，始征何東；太宗即位，即一舉平晉也。㉞

循著統一之時間表，太祖以慕容延釗滅荊南，始於建隆二年（九六一年）㉟。第二次再授命與李處耘等討克湖南在建隆四年（九六三年）㊱。至於滅後蜀之過程，由乾德二年（九六四年）起，以王全斌、崔彥進、王仁贍、劉光毅、曹彬等分路伐之，至乾德四年（九六六年）才告成功㊲。而滅南漢之時間更長，早於乾德中起行，及至潘美克南漢主蕭漼之最後陣地廣州時，已是太祖開寶四年（九七一年）㊳。曹彬、潘美伐南唐在開寶七年（九七五年）才城陷擒南唐主李煜㊴。吳越王錢俶入朝歸地，要到太宗太平興國三年（九七八年）五月㊵。征北漢主劉繼元所花之時間最長，由開寶二年（九六九年）以李繼勛、趙贊、郭進、司超等將兵太原開始㊶，歷太平興國元年（九七六年）以黨進、潘美、楊光美、牛思進、米文義討之㊷。至太平興國四年（九七九年），太宗親征始拔之㊸。

太祖統治之時期，由建隆元年（九六〇年）至開寶八年（九七五年），換言之，終太祖爲帝約十五年之間，嚴格而言，還未達到國家統一之局面。而且，太祖之先南後北政策，只是貫徹周世宗時之政治策略㊹，在某種意義上仍爲後周時期之延續。這種漫長之征戰，甚至延續至太宗即位之初期。故此，探討三班官制在這段時期之形態時，當發覺與五代後周世宗時期之三班官，分別不大。雖然同樣因爲親軍系統之建立，而顯得較沈寂，然而總不至立時失去帝王親信之功能。在太祖、太宗之際的過渡期內，三班官正顯示著兩種特徵。一方面仍保留了舊日三班官上層之職名及固有之高尙地位，另一方面卻逐漸凝固已有之工作範圍，出現了較固定之差派內容。無疑暗示了其親信之地位，即將消失，代之而來的，是太宗後期三班官階之重整，使成爲純粹寄祿之工具，對等地與各個差遣之類目掛勾。

太祖至太宗初期，不難發覺在三班職名上强烈承襲著後周，三班官制下層之內容，固然全部齊備，就是三班官原有之上層官職，亦多少保存下來，只是越走向太宗時期，越見式微。宋人考索太祖、太宗時期官制，每喜用「國初」之語以概括之㊺，故此其時所指之三班官制，大抵只是指著太宗時期常見之承旨、殿直、供奉官而言。嚴格來說，太祖時期，三班官制中應該還保留著上層之職名，即都知、副都知等稱號。太宗將此制罷之，大蓋是因應著中央官制之編整過程中，不欲與軍制混淆，以亂法制。

《長編》卷七、乾德四年（九六六年）正月丙子條即謂：

遣供奉官都知曹守琪等分詣江陵，鳳翔，賜僞蜀群臣家屬錢帛，疾病者以醫藥。（頁一六五）

《長編》卷一，建隆元年《九六〇年》正月癸卯條亦謂：

都押衙上黨李處耘，具以事（立點檢爲天子）白太祖匡義。匡義時爲內殿祗候供奉官都知。（頁二）

所謂內殿祗候就是侍奉於內殿的親從官，供奉官都知亦即三班官制中較高級之官稱，在當時來說代表著左右之扈從。又如慕容延釗之弟延忠，在宋初太祖時亦曾任供奉西頭官都知㊻。而王審琦之子承衍，亦在開寶初任職內殿供奉官都知㊼。其間供奉官都知冠以「內殿」或「內殿祗候」之名，無非表示了作爲帝王至親近供奉之意思。由此觀之，宋初確多少保留了五代三班官之面貌。再從過往三班官親貴之地位觀之，亦可証之在太宗太平興國以前之宋初，三班官與帝王之間仍附有很强之親從性。

例如開寶八年（九七五年）之李繼隆，當時擔任供奉官，已屢爲帝王奔走㊽。太宗太平與國八年，田錫之奏議，即反映出三班官仍爲帝王之私人耳目。

《長編》卷廿四、太平與國八年（九八三年）十二月條：

> 御史台本不禁人，今爲繫囚之所，大理寺舊來置獄，今爲檢校之司……今則或撾鼓聞天，虛詞詣闕，多差殿直、承旨，使爲制勘使臣，殊非理公之才，驟委鞫人之罪，其人畏嚴威，誰敢拒捍……。」（頁五六五）

又《長編》卷廿三、太平興國七年（九八二年）四月條：

> 閻密初給事廷美左右。上（太宗）即位，補殿直，仍隸秦王府，恣橫不法，言多指斥。（頁五一六）

可見太宗前期之三班官，往往能恃著人主對其親信重用，而肆意逞强。其間更有權貴子弟詐稱供奉官，以搏取一時尊美。

《長編》卷三、建隆三年（九六二年）七月乙亥條：

> 斬文思使常岑子勳於東市。勳少亡賴，嘗詐稱供奉官，至泗州，爲長吏所覺，捕送闕下，故戮之。（頁七〇）

至太宗太平與國年間，貴游子弟冒充使臣之例子還有陸續出現㊾。顯示了三班官仍然具有受人尊重之親從地位。事實上，直至太平興國年間爲止，地方有重要事故，三班官即常供奉使，往往能與轉運使等地方高官商議計度[50]。宋初三班官保留了舊日代表帝王監察之色彩，多少從三班官加冠銜之習慣上看出。《宋史、職官志》中，即載三班官兼御史大夫、御史中丞、侍御史、殿中侍御史、監察御史之事實[51]。雖爲一種憲銜，但是從設立之精神而言，仍具有濃厚之監察意味。

再從太祖、太宗初期三班官之遷官與工作類別而言，也未能找到嚴密而有序之規劃。例如符彥卿之子昭愿，太祖開寶中初補供奉官，開寶七年已遷西京作坊副使[52]。今以開寶中爲開寶四年計，短短三年間，升遷甚速。按《宋史》卷一六九、職官九、武臣三班借職至節度使敘遷之制[53]，就是其官階爲東頭供奉官，也未有轉遷至西京作坊副使之例，只有在內殿承制條下謂：「轉供備庫使，有戰功轉禮賓副使，特旨東西染院、西京作坊副使。」[54]可知在相當特別之情況下，始能升至此階，且還要在更高之內殿承制官階內才合資格。單從《宋史、職官志》所見官階之排列方式與升遷方法，顯然甚不齊備[55]，從其記載的有三班借職、奉職、侍禁、內殿崇班，內殿承制等官階看來，明顯是太宗末期之產物，也只能夠粗略反映宋代中期，即眞宗、仁宗時代武官升遷之形態。總而言之，宋代初期太祖、太宗時之武官升遷狀況要較中期來得急速，其升遷未必有必然之準則。符昭愿自供奉官升遷，三年內至少擢了五階[56]。而尹繼倫之例子更特出，「太宗即位，改供奉官。從征太原還，遷洛苑使」[57]。太宗即位改太平興國元年（九七六年），征北漢太原陣地，至遲至太平興國四年（九七九年）五月完全收復。《宋史．職官九》從未有供奉官直接轉遷洛苑使之例，只有在東染院使條下謂：「轉洛苑使，有戰功轉文思使」[58]，可見洛苑使階，在宋代中期，只有具備諸司正使之資格始能轉遷至此。孫逢吉

《職官分紀》卷四十四、橫行東西班大小使臣條，對東西班各二十階之記載[59]，大抵反映了太宗未揷入新官階名目以前，武官級序之排列。供奉官繼續升遷，至少累歷了九階始至洛苑使副[60]。

又韓重贇之子崇訓，「乾德中，以蔭補供奉官，遷西京作坊副使……從太宗征河東」[61]。太宗征北漢，在太平興國初年[62]，崇訓遷西京作坊副使必在太祖開寶年間，在五、六年間亦至少升五階[63]。

太宗之藩邸親信之升遷狀態，至耐人尋味。如柴禹錫者，「太宗居晉邸，以善應對，獲給事焉。太平興國初，授供奉官。三年，改翰林副使」[64]。《職官分紀》載翰林副使在東班，由供奉官開始，至少相差十九階[65]。又如張遜者，「太宗在晉邸，召隸帳下。太平興國初，補左班殿直。從征太原還，遷文思副使」[66]，征太原畢在太平興國四年（九七九年），距太平興國初約歷三年，而官階依《職官分記》西班官序制，至少擢十一階[67]。至於王顯，「太宗居藩，嘗給事左右……即位，補殿直，稍遷供奉官。太平興國三年，授軍器副使」[68]。換言之，以東班官序之計算，年間已歷遷十六階[69]。楊守一之情況更極端，初事太宗於晉邸，太平興國中由右班殿直遷西頭供奉官，七年（九八二年），以告秦王廷美陰謀事，擢東上閤門使[70]。其升擢更超出東西班武階範圍而直遷橫班[71]。

凡此莫不說明，太祖以至太宗初期，由於仍然承接五代後周以還之戰局，三班官之職能，不可能因爲親軍制度之完成而一下子喪失。在這個過渡階段內，三班官或通過戰爭中之軍功，或通過帝王親信之關係，得到較快速之升遷機會。雖然三班官升遷之方法已經較籠統地限制下來，即自承旨、殿直、供奉官之三班本官，經諸司副使而正使，東西班各階職名亦已列明。但是，按階序逐步升遷之概念仍然很薄弱。一直要到太宗後期三班官制重新改革，始得到徹底之改變。

然而，也由於正處於過渡階段，宋初太祖、太宗時官階與差遣逐步掛勾之現象，亦爲太宗後期之改革奠定了楷模。事實上，官階能否走向制度化，往往很視乎在純粹寄祿之階官以外能否提供固定、有秩序之等級差遣。宋代中期以後，三班官階常見之差遣類目，依其次序，不外監當、巡檢、監押、都監之職，再上進者可達至知州府等地方的親民官⑫。但是，能夠知軍州者，其官階已多不屬三班官階以內。除了在較爲偏僻之地則或見例外⑬。而四種差遣，至少半數可歸類於監軍之列。巡檢在很大程度上，無疑也是擔任著地方至低層之軍事監察工作。至於監當之差遣，越到宋代後期，越避免以三班武臣充任，蓋以武臣多爲貪昧，不能廉潔明理⑭。故此，宋代三班官階差遣之主要內容，不外就是監軍。這種職責之趨勢，在上一章中已詳細交代。其間與後晉、後周之親軍制度逐步確立，具有密切關係。三班使臣之職責，逐漸限制在監軍一途上。至宋初，各種監軍之名目似乎趨於明朗。至於官階與監軍工作之間，則還未建立嚴密之對等關係。例如太祖乾德二年（九六一年）時之侯美，當北漢三千兵舉城來降時，其爲供奉官，出任兵馬都監⑮。而乾德五年（九六七年）王漢英、武仁誨，同樣爲供奉官，只能夠分別爲新津監押與嘉州監押⑯。開寶六年（九七三年）之傅廷翰，則同樣出任爲監押，但只是殿直出身⑰。太宗太平興國三年（九七八年）之姚承遂，也是殿直，卻出任巡檢之工作⑱。可想而知，宋初太祖、太宗時期，雖具有日後三班差遣之名目，然而其職責與本官之間尚未建立嚴格之升遷系統，可以使三班官之全然發展爲寄祿官，而又能夠將其各種不同之職責，有條不紊地分配下來。在同時期內，除了都監、監押、巡檢之職責外，還依然存留著多種其他之差遣形式。多少阻礙了差遣類目之統一。而出使之類目，便爲一例。如太祖建隆二年（九六一年），供奉官李崇贇之使江南⑲，同時期之殿直孫全璋使吳越⑳。又有戰時軍中之乘傳使臣，隨時入報軍情。例如太祖乾德年間，殿直劉蒙正乘傳軍中承奉事㉑。開寶年間，供奉官李繼隆，走馬入報，獻昇州捷事㉒。太平興國間，供奉官李漢贇，乘傳衢、婺二州事㉓。此外，又有臨時之屯兵，如太祖開寶間，供奉官李繼隆以雄武軍三百人戍邵州㉔。太宗太平興國年間，殿直武裕統兵戍海門㉕，同期之西頭供奉官馬知節，亦受詔屯兵清水縣㉖。更有臨時之募兵，如太平興國年間，殿直吳舜卿，受詔募兵沂、兗間㉗。同期之殿直霍瓊亦受詔募兵㉘。

總而言之，從宋初差遣之類目與三班官階關係看來，三班官階正處於孕育期間，籠統地與某幾種差遣固定下來。然而太祖、太宗時期還處於經常作戰之狀態，因應著戰爭需求，三班官依然存在著多方面之差遣色彩。在逐步發展出監軍職責以外，在戰時還擔任著相當比重之奉使、走馬承傳、屯兵與募兵之工作。眞正能將差遣類目與官階劃一，始終要到戰事結束時之太宗後期。

三、太宗後期三班官制之改革

太宗太平興國以後，是三班官制重要之轉變時期。這個時期，戰爭完全結束，代之而起之問題，是如何建立一套完善之官僚系統，既可以統一舊日因地方割據而出現職名上之分歧，亦可以防止藩鎮之殘餘勢力職掌實權。故此，有必要創置連串無實權之官階，單作序祿安撫之用，至於實際之官職功能，則通過不同之差遣類目以完成。當日之三班官制，自脫離了親軍之意義，剩下之下層官制，已逐漸失去了親信意味。太祖和太宗太平興國以前，正處於過渡階段，故此，尚多少保留了舊日親從尊貴之色彩。然而太平興國以後，在劃時代統一之必然趨勢下，有必要將三班官名目加以擴充，使成爲中央下級之純粹官階，以吸納、羈縻地方之牙將牙吏。能夠形成這種趨向，事前必具備兩步驟。其一，就是將舊日藩鎮上之親信牙將之地位加以降低，使地方之控制權，可以由中央派往地方之親民官充份掌握。關於這個步驟，在太祖和太宗前期已經基本完成。其間，從很多史料中可以反映出來⑳。其二，也就是將三班官之地位，同步地加以降低，使成爲中央至低級之武階，以造就多方上進之機會。因此，太宗對三班官階重整以後，三班官親信之意義便徹底打破。更相反的是，逐漸形成了羈縻賤職之觀念，其間分別，是顯然而見的。

事實上，三班官地位之親信與不親信，並非朝夕轉變之事。太宗官制之改革，只是加速了這種情況之實現。若考察太祖、太宗期內對三班官之措施。當發現三班官正呈現著過渡期內之特色，部份顯示著高貴之親從性，但部份則遠離了親信之意義。

《長編》卷八、太祖乾德五年（九六七年）四月甲戌條：

閱殿前承旨不逞者百二十六人，分配鄆、齊、冀、博、德、滄等州。（頁一九三）

當日之殿前承旨，其實即承旨官，如太宗初年之李繼周，即自殿前承旨而升殿直，再由殿直而供奉官可知[90]。將不逞者分配到各地方去大抵是從事較低級之雜役，已經脫離了擔任中央任使之職能。但是，也可能有第二種解釋，就是將本來欲加入殿前承旨，但在考閱過程中不及格的一百二十六人，分配到各州擔任較低級之工作。就算是這種理解，顯然三班官親從地位亦遜色得多。從三班官之中之承旨官，其間招攬之數目甚爲龐大，三班官在各別與帝王之私人關係還能否保持親信頗值得疑問。其次，從任務等級之次序而言，無疑已顯示了當日三班官之底層與州縣間之雜務產生了相當關係。另一處顯示三班與地方州府關係密切者，見《長編》卷十八、太宗太平興國二年（九七七年）二月條：

> 太祖受禪，文武五品以上皆得蔭子弟。上（太宗）即位，諸道州府各遣及弟奉方物來貢，上悉授以試銜及三班。（頁四〇〇）

按宋代三班之名，首見於此，也就是在太平興國二年二月。這裡所授之三班對象，顯然不同於太祖時。太祖即位，只有五品以上之官員始列入考慮蔭補之列。故子弟得蔭補三班，顯然還具有親貴之意義。除授之著眼點依然爲中央之命官要員。到了太宗即位後，情況便很不同。除授之對象已擴散至諸道州府員吏之子弟。親從意味甚爲薄弱。而且所指之地方州府，很大程度並非指著中央派往地方之命官，而是在舊有藩鎮系統衍生之牙職官員。故此，才以自已之子弟作爲親信，貢奉方物，以求恩賞。可知太宗時期之三班官，已逐漸形成了羈縻地方之官職。三班官作爲羈縻地方之工具，同時可見於《長編》卷十八、太宗太平興國二年（九七七年）三月條：

初，節度使得補子弟爲軍中牙校，因父兄財力，率豪橫奢縱，民間苦之。洛下有十衛內，尤放恣，左驍衛上將軍太原田景咸、子漢明，其一也。上雅知其弊，始即位，即詔諸州府籍名部送闕下，至者凡百人。癸未，悉補殿前承旨，以賤職羈縻之。（頁四〇一）

這裡說明了地方之藩鎭，雖然經歷了太祖、太宗之悉心整頓而逐步納入控制。但是，節度使之子弟依然能夠憑籍蔭補而取得軍中牙職，造成地方上很大之不安。當日之殿前承旨已被稱爲賤職，其作用便成了吸納、羈縻地方上之牙校。只以一地方牙校除授羈縻已經逾百，而就太宗進行之整個吸納過程而言，三班官之人數必然產生劇烈之增長。因此，在組成三班官之成員當中，身份便越複雜了。一方面中央高官之子弟固然能補三班，另一方面又成爲了吸納地方異數之羈縻官職。故此，三班官在這段過渡期間內貴賤相夾，在差奉使之事罪情上，便自然出現不公平之現象。太宗是很明白在這種統一趨勢下，三班制所遇見之必然現象。而人數之激增既使三班官無法再走回舊日親信之舊路，唯有再加以强化，使成爲一視同人官職，爲太宗後期官階之重整，打下了良好之基礎。

《長編》卷二十二、太宗太平興國六年（九八一年）二月條：

國初，以供奉官，殿直、承旨爲三班，隷宣徽院。三班多貴族子弟，豪縱徼倖，未立程準，而奉使者多訴勞逸不均。是月，始命御廚副使洛陽楊守素等點檢三班公事，權以內客省使廳事爲局，總其名籍，差定其職任，考其殿最焉。（頁四九〇）

可見以楊守素點檢三班公事，爲的就是解決三班成員勞逸不均之問題，立定程準，差定其職。故此，標誌著官階與差遣之劃一化。部份史料，甚至以楊守素專三班事，作爲三班院創置之時間。《宋史》卷二六八、楊守一傳：

太平興國中……累遷西頭供奉官，其下多貴族子弟，頗豪縱儌幸。始置三班院，令守一（即守素）專其事，考覈授任，漸有條制。（頁九二二四）

然而，若據《長編》卷二十八、太宗雍熙四年（九八七年）七月條載，則謂：

詔即內客省使廳事置三班院，以崇儀副使蔚進知院事。（頁六三八）

上述兩處資料，顯然甚有出入。前者以三班院設立時期在太宗太平興國六年二月，後者則以三班院建置當在太宗雍熙四年七月，以蔚進知院事爲準。按李燾之解釋爲：

太平興國六年，初有點檢三班公事之名（即楊守素所專之職），今始正名三班院耳。諸書或云太平興國已置三班院皆誤。㉑

無論如何，太宗太平興國年間，三班官階與差遣已逐步推向公式化。原來隸屬於宣徽院下之三班官，隨著人數之激增、親信意味之下降、使臣功能之式微等多方原因之相互影響下，直接走向純粹官階寄祿之情況，脫離了實職意義，代之而配合者，爲一套完善有序之差遣制度。而宣徽院地位之下降，與三班院代之接替三班。正顯示著舊日作爲帝王私人差遣之使職已成爲過去，三班官正式納入中央管轄，成爲具固定差遣規律之階官而已。到了太宗淳化時期，各種牽涉三班官制改革之條件齊備，遂進行大規模之三班改制。其改革之重點，不外就是通過寄祿和擴充官階之方法，以解決因吸納地方而人數激增之三班官，得以順利轉遷，也用以配合劃一之差遣。

《長編》卷三十二、淳化二年（九九一年）正月條：

先是供奉官、殿直有四十年不遷者，乙酉，始置內殿崇班在供奉官之上，左右侍禁在殿直之上，差定其奉給，以次授之。改殿前承旨爲三班奉職，端拱中置借職承旨，於是改爲三班借職。（頁七一〇）

關於太宗是項改革之時間，就《隆平集》所見則持不同之意見，認爲早在太宗太平興國六年（九八一年）已經開始。

《隆平集》卷一、官名條：

內殿崇班、左右侍禁，太平興國六年置。以供奉官、殿直有四十年不得遷轉，故增此三資。崇班在供奉官之上。殿直在侍禁之下，又改殿前承旨爲三班奉職。（頁四二—四三）

顯然李燾所載，較諸《隆平集》爲詳細。除表明是改官制改革在淳化二年（九九一年）正月之乙酉日期外，還多交代新名目內殿崇班、左右侍禁以外之三班借職，故其明確程度較高。在太宗雍熙四年（九八七年）以前，三班院尚未成立，若謂早於太平興國六年即全面改動三班面目，似欠缺改革基礎，未免與事實不符。可知自踏入太平興國，歷雍熙、端拱而淳化，其間時期雖短，但對於三班面臨之變革頗大，稍有不慎，容易錯以淳化之事作爲太平興國時發生。

故此，太宗後期才是三班寄階制度確立之時期。三班官階之骨架，主要就是襲用了五代發展下來之承旨、殿直、供奉官等職名。供奉官分東、西頭爲二階，殿直亦分左、右班爲二階，承旨則改爲三班奉職爲一階。再在東頭供奉官以上新置內殿崇班爲一階。左班殿直以上新置左、右侍禁爲二階，在奉職以下新置三班借職爲一階，其間官階之層次如左列所示：

三班借職

三班奉職

右班殿直

左班殿直

右侍禁

左侍禁

西頭供奉官

東頭供奉官

內殿崇班

嚴格而言，新創置之三班官階內容，已經失去了三班原有之意味。基本上再無所謂「三班」。本來以三個不同職名爲官制之含意，至現在演變成一系列以「階」爲中心之寄祿等級。到了宋代中期以後甚至在內殿崇班之上加入內殿承制，在三班借職以下加入三班差使殿侍㉜，但由於後者過於鄙賤，故統計使臣體系時往往不列入流㉝。

太宗淳化三班官階之重整，具有重要之時代意義。蓋整個武階制度，必自三班制重整後始告完成。自此以後，武官系統內所謂橫行、諸司使副、使臣等觀念，始能貫通無阻。新改之官制遂成爲上接諸司副使之使臣。

《群書考索》、《後集》卷二十、官制門、武階類：

宋朝沿唐漢制，武選之稱，自內客省使至閤門使，使各有副，爲橫行。自皇城使至供備庫使，爲諸司正使，自皇城副使（至）供備庫（副）使爲諸司副使，自內殿承制至三班借使（職）爲使臣。元豐肇正文階，而武階猶未及改。（頁六一七）

可知其間武選之稱，沿用甚久。唯新建之階制，自內殿承制至三班借職雖統稱使臣，然而內殿承制與內殿崇班二階，又似與諸司使副關係較密切，不類供奉官以下之小使臣系統。

《群書考索》、《續集》卷四十二、兵制門、宋朝掌兵管軍之職：

……內客省使、引見、四方館、東西上閤門使副爲橫行者，皆爲祗應官耳，自通事舍人而下爲閤職，自諸司使至刺史爲遙郡，自諸司使副至內殿承制、崇班爲大使臣，自供奉官至禁直、借職、奉職爲小使臣，皆以別秩祿而無與於掌兵。（頁一二六九）

由此，亦可反映出太宗三班官制改革後，新創之官階所含括之意義甚廣。在整整十階以內既包括了專門吸納賤職之小使臣，亦包含了得以上進之大使臣。故此，不難看出太宗對三班制重整之動機，確包含著徹底溝通中央與地方之意圖。

至於十階之內之升遷方法，則主要依從磨勘轉官之法。由於太宗改革三班官階，已在其統治期內之末年，故此要充份發揮按年轉資之磨勘，必須完全體驗於眞宗時期。按眞宗期間磨勘之法，不外爲七年或五年之別⑭。每經磨勘則循官轉資。《宋史》卷一六九、職官九、武臣三班借職至節度使敘遷之制，大致上說明了眞宗、仁宗時期，武官磨勘升轉之規律。顯然三班官重整後之十階武臣，從升遷之意義上看，其地位甚低微。自內殿承制至三班借職，每遇磨勘，只能逐資升轉。諸司副使以上則能夠超資升轉，每次轉五資或七資⑮。故此分別甚大。太宗時期三班官階重整，至重要之著眼點，不在寄祿本身，也不在於新設之名目，而是企圖建立劃一之待遇，將地方官職之實權收歸中央，由中央重新將權力分配，而權力之履行方式，必須通過中央預先制定、監管之系統性差遣以完成。因此，完全是爲了中央化。三班官舊日作爲帝王親信之面貌已不復出現。

【註釋】

①《宋史》卷二五八、曹彬傳、頁八九七七—八九七八，載曹彬於後周太祖時，隸世宗帳下，從鎮澶淵，始補供奉官。到了宋太祖建隆二年，已遷客省使。乾德初，改左神武將軍，其後歷任行軍都監。

②《宋史》卷二五八、潘美傳、頁八九九〇—八九九一，載潘美以中涓事世宗，及即位，補供奉官。高平之戰，已遷爲西上閤門副使，再升引進使。其後於宋初歷任行營監軍。

③《宋史》卷二五七、李崇矩傳、頁八九五二—八九五三，載崇矩於後周顯德初，始補供奉官，從征高平

，以功轉供備庫使，改作坊使。於宋初亦歷任行營都監諸職。

④《宋史》卷二五〇、韓重贇傳、頁八八二三，載韓重贇於後周太祖廣順初年，補左班殿直副都知，爲三班中較上級之長官，高平之戰後，以功遷鐵騎指揮使，宋初已擢爲龍捷左廂都校。建隆二年，改殿前都指揮使。

⑤《宋史》卷二七一、王晉卿傳、頁九二九五，載王晉卿於後周世宗即位時，補東頭供奉官，征高平、淮甸有功，詔權控鶴都虞候。顯德四年時，已擢爲龍捷右第一軍都指揮使。宋太祖乾德中，爲興州刺史。

⑥《長編》卷一〇八、仁宗天聖七年九月丙寅條、頁二五二二：「詔閤門，自今入內都知押班，如昭宣使以上，即與客省使等爲一班；皇城使副以下，並在皇城使之前，別作一行。太祖朝，都知押班率供奉官爲之，內中祗應，裹頭巾、衣褐衫而已。宰相呂夷簡不考故事，輒升其班次，議者非之。」知宋極初，三班官制中，尙有都知、押班等長官，其尊貴非宦官可比擬。雖呂夷簡亦不明矣。

⑦宋代所謂「小使臣」，其實是相對於「大使臣」之概念而言。《山堂考索》、《後集》、太尉司徒司空條即謂：「以諸司使副、內殿承制、崇班爲大使臣。供奉、侍禁、殿直、供奉職爲小使臣。自遙郡而上，名俸皆厚，其使臣本祿，雖稍薄，而添支給券皆優。」而《職官分紀》卷四四、橫行東西班大小使臣條，分法較嚴密。其謂：「元祐令，內客省使至閤門副使爲橫行、延福宮使至昭宣使爲班官、諸司使副使、承制、崇班、閤門祗候爲大使臣，供奉官、侍禁、殿直、奉職、借職爲小使臣」。則二者共指之「小使臣」，當爲供奉官至借職者。然若考《資治通鑑長編紀事本末》卷一二五、徽宗政和二年九月癸未

詔，對新舊階之「小使臣」稱呼，其上下限或有相異之處。其謂：「內殿承制以下小使臣，新官敦武郎，舊官內殿承制、修武郎舊官內殿崇班、從義郎舊官東頭供奉官、承信郎舊官三班借職、進武校尉舊官三班差使、進義校尉舊官三班借差，右十二階。」可知越到後期，「小使臣」之範圍越擴大。

⑧《長編》卷廿二、太宗太平興國六年二月條、頁四九〇。

⑨曾鞏撰《曾鞏集》（北京、中華書局、一九八四年十一月版）下冊、再議經費箚子條、頁四五六。

⑩考《石林燕語》卷八與《曾鞏集》卅一，關於宋初三班職名條項，用字大體相同，唯個別文字略有偏差。曾氏有載三班各立都知行首領之，於殿前承旨班院，亦明言別立行首領之，葉氏則略而不談。此外，於三班吏員人數，曾氏提供之數字較精準，除端拱、天禧、熙寧八年三班人數外，於熙寧九年之五四四員及熙寧十年之六九〇員亦見述及，葉氏則略之。按曾鞏為仁、神宗時期人，葉氏為哲、徽時人，故葉氏參考了曾氏資料，加以重整之可能性很大。至於以押班、都知等行首領三班，越到後期，跡象越加難尋，索性一併刪削之，亦不無此疑。

⑪葉夢得撰《石林燕語》（北京、中華書局、一九八四年五月版）卷八、頁一一八。

⑫王溥撰《五代會要》卷廿四、晉天福五年四月條：「承旨者承時君之旨，非近侍重臣，無以稟命……除翰林承旨外，殿前承旨改為殿直……御史台、三司、閤門、客省承旨，並令別定其名。」頁三九二。

⑬趙彥衛撰《雲麓漫鈔》（台灣、世界書局、一九六九年四月版）卷四、頁五九。

⑭《新校正夢溪筆談》（胡道靜校註、香港中華書局，一九七八年二月版）卷一、故事一：「東西頭供奉

官，本唐從官之名。自永徽以後，人主多居大明宮，別置從官，謂之東頭供奉官。西內具員不廢，則謂之西頭供奉官。」頁二三。

⑮《宋史》卷二六一、劉重進傳、頁九〇四四。

⑯《宋史》卷二六一、陳思讓傳、頁九〇三八。

⑰《宋史》卷二六四、沈倫傳附沈繼宗傳、頁九一一五。

⑱《宋史》卷二六八、趙鎔傳、頁九二二五。

⑲同註⑮、註⑯。

⑳《宋史》卷二五九、郭守文傳、頁八九九八。

㉑《宋史》卷二五七、李崇矩傳附李繼昌傳、頁八九五四。

㉒《宋史》卷二六八、張遜傳、頁九二二二。

㉓後梁乾化元年六月，供奉官史彥群被稱爲「受旨」，大抵與「承旨」意相近，見司馬光《資治通鑑》卷二六八、頁八七四二—八七四三。「殿前受旨」之名，同見於《金石萃編》（北京市中國書店、一九八五年三月版）第三冊卷二九、頁五、後梁時期之□□葛公、神道碑銘并序：「……次日彥浦，殿前受旨、銀青光祿大夫檢校太子賓客。」又《五代會要》卷二、後普天福五年四月條，以殿前承旨爲殿直（頁三九二）。可見供奉官、殿直、承旨三者職名之間偶有互轉。

㉔《宋史》卷二五〇、王彥昇傳、頁八八二八：「初事宦官驃騎大將軍孟漢瓊，漢瓊以其趫勇，言於明宗

，補東班承旨……。」可知承旨於五代後唐時，已分爲東班與西班。

㉕ 唐代多以供奉官、殿直、承旨三者順序稱之，《資治通鑑》卷二四三、後唐長興三年四月丙申載：「賜宣徽院供奉錢，紫衣者百二十婚、下至承旨有差……。」即爲一例。五代以後，多只言供奉官、殿直，而承旨角色較隱蔽。如薛居正《舊五代史》卷八〇、後晉天福七年五月己亥條，頁一〇六一：「其供奉官、殿直等，如是當直及合於殿前排列者，即日起居，如不當値排立者，不用每日起居，委宣徽使點檢，常須整齊。」亦未明言承旨者，其關係或較鬆散。

㉖ 《曾鞏集》下冊、再議經費箚子、頁四五七。

㉗ 《曾鞏集》下冊、卷三十四、再乞登對狀、頁四九三。

㉘ 研究三班官制之題目，仍爲相當初步之起點。目前以日人研究較豐。友永植《唐、五代三班使臣考》、載於《宋代の社會と文化》（宋代史研究會研究報告第一集），頁二九—六八，即主張以供奉官、殿直、承旨爲三班，作爲一併討論之課題。此外，小岩井弘光《北宋の使臣について》、《集刊東洋學》卷四十八、一九八三年，頁三五—五三，亦以殿前承旨、殿直、供奉官三者爲三班升遷之基本途徑。

㉙ 《石林燕語》卷五、頁七三：「唐末、五代武選，有東西頭供奉、左右班侍禁、殿直；本朝又增內殿承制、崇班，皆禁廷奉至尊之名。」

㉚ 《石林燕語》卷八、頁一一八。

㉛ 《宋史》卷二四九、范質傳、頁八七九四：「……及太祖北征，爲六師推戴，自陳橋還府署。時質方就

食閤中，太祖入，率王溥、魏仁浦就府謁見。太祖對之嗚咽流涕，具言擁逼之狀。質等未及對，軍校羅彥瓌舉刃擬質曰：我輩無主，今日須得天子。太祖叱彥瓌不退，質不知所措，乃與溥等降階受命。」頗見被逼屈服之狀，其後范質、王溥即於數年間離開相位，迅速以趙普代之，亦有被逼引退之嫌。

㉜ 王稱《東都事略》卷二十二李筠傳、頁三八二—三八四。

㉝ 《東都事略》卷廿二、李重進傳、頁三八四—三八六。

㉞ 江少虞《宋朝事實類苑》（上海、古籍出版社、一九八一年月版）、第一冊、卷一、祖宋聖訓、頁八、轉引條。

㉟ 《宋史》卷二五一、慕容延釗傳、頁八八三四—八八三五。

㊱ 同書頁。

㊲ 《宋史》卷二五五、王全斌傳、頁八九二〇—八九二一。

㊳ 《宋史》卷二五八、潘美傳、頁八九九一。

㊴ 《宋史》卷二五八、曹彬傳、頁八九七九—八九八〇。

㊵ 《長編》卷十九、太宗太平興國三年五月乙酉朔條、頁四二七。

㊶ 詳見《宋史》卷四八二、北漢劉氏。

㊷ 同書頁。

㊸ 同書頁。

㊹周世宗時期，其實已進行著統一國家之征伐步驟，其戰略大抵根據王朴《平邊策》之概念，先南而後北，取易再攻難。《舊五代史》卷一二八、王朴傳、頁一六八〇謂：「攻取之道，從易者始。當今吳國，東至海，南至江，可撓之地二千里……彼竭我利，則江北諸州，乃國家之所有也。既得江北，則用彼之民，揚我之兵，江之南亦不難而平之也。如此，則用力少而收功多，得吳，則桂、廣皆爲內臣，岷、蜀可飛書而召之……席卷而蜀平矣。吳、蜀平，幽可望風而至。唯幷必死之寇，不可以恩信誘，必須以强兵攻之……可爲後圖，候其便則一創以平之。」宋太祖是在後周世宗已征伐之基礎上繼續發展此戰略。

㊺例如《長編》卷廿二、太宗太平興國六年二月、頁四九〇謂：「國初，以供奉官、殿直、承旨爲三班。」又《雲麓漫鈔》卷四、頁五九謂：「宋初武官處以三班，號祗應官，有左右班、供奉班是也。」可知所謂「國初」、「宋初」，在時間觀念方面並不精準，幾可泛指太祖、太宗時期，其他如「祖宗朝」等語，皆出現上述問題。

㊻《長編》卷一、太祖建隆元年正月癸卯條、頁二。又《東都事略》卷三、本紀三、頁八九：「周顯德初，補右班殿直，遷供奉官、五年，改殿前祗候供奉官都知……。」

㊼《宋史》卷二五〇、王審琦傳附王承衍傳、頁八八一七。

㊽《長編》卷十六、太祖開寶八年十二月、頁三五三。

㊾例如《長編》卷三、太祖建隆三年七月乙亥條、頁七〇：「斬文思使常岑子勳於東市。勳少亡賴，嘗詐稱供奉官，至泗州，爲長吏所覺，捕送闕下，故戮之。」太宗時期，又有李飛雄事件。《長編》卷十九

、太宗太平興國三年五月、頁四三〇：「初，秦州節度判官李若愚，有子曰飛雄，凶險無行，不爲家所容，常客游京師、魏博間……飛雄自京師往省（張）季英（飛雄之妻父）……詐爲使者……遂矯稱制以巡邊爲名……既而繫秦州獄，劾之，具得其狀，有詔夷其三族……。」

㊿ 例如《長編》卷廿二、太宗太平興國六年十二月，頁五〇八：「……望遣使選擇堪充軍旅者，並家屬部送赴闕。乃詔三班二人至江南與轉運使商度，條上其利害。」到了眞宗，甚至偶有以三班借職與江南轉運使共同審行計度，詳見《長編》卷四七、咸平三年七月丙申條、頁一〇二一—一〇二二。

(51) 《宋史》卷一六九、職官九與卷一七〇、職官十，大致以武臣憲銜分五級，爲御史大夫、御史中丞、侍御史、殿中侍御史、監察御史。是武臣之加官。閤門通事舍人、內殿崇班以上之武臣，初任加「兼御史大夫」。三班等初授，加「兼監察御史」，以後隨朝廷恩典，逐級升遷。至神宗改制，始廢除檢校樸射以下之檢校官、兼實銜。

(52) 《宋史》卷二五一、符彥卿傳附符昭愿傳、頁八八四一。

(53) 《宋史》卷一六九、職官九、武臣三班借職至節度使敘遷之制、頁四〇二九—四〇三二。

(54) 同書卷、頁四〇三〇。

(55) 在內殿崇班、內殿承制之上，理應列明諸司使副而諸司使之升遷方法，然於供備庫使之後，即插入禮賓副使、西染院副使、東染院副使三種副使職名，除此以外，未見他種副使之升遷說明，亦未交代上述三種正使轉遷之法。頗見混亂。其次，若比較《宋會要輯稿》職官五二、頁三五七〇—三五七一、關於西班、東班與橫班之內容，顯然於東班皇城使以下十九使，《宋史、職官志》是略而不談，只將皇城使轉遷之法附於西班二十使，即宮苑使之後，故此，官階排列與其升遷之步驟尚有甚多疑問。

㊻ 同註㊷。按供奉官自東頭出，即爲內殿崇班、內殿承制，爲三班與西班副使之緩衝區，然內殿崇班爲太宗淳化年間始設。至於內殿承制更遲至眞宗大中祥符時置。之後歷供備庫使副、禮賓使副，故以一官一階計，至少歷遷五階。

㊼ 《宋史》卷二七五、尹繼倫傳、頁九三七五。

㊽ 《宋史》光一六九、職官九、頁四〇三〇。

㊾ 孫逢吉《職官分紀》卷四十四、橫行東西班大小使臣條、頁一—十七。

㊿ 見註㊻，供奉官自東頭出，至西京作坊使副，已經歷遷五階，再歷西京左藏使副、崇儀使副、如京使副，始至洛苑使副，至少共遷九階。

61 《宋史》卷二五〇、韓重贇傳附韓崇訓傳、頁八八二四。

62 《宋史》卷四八二、北漢劉氏：「……太平興國二年……太宗謂齊王廷美曰：太原，我必取之。四年，始議討伐。」

63 同註㊻。

64 《宋史》卷二六八、柴禹錫傳、頁九二二一。

65 宋初，亦有見供奉官出東班者。東班使副共二十階。柴禹錫自供奉官遷翰林副使，已歷其中之十九階。

即翰林醫官使副、法酒庫使副、酒坊使副、鞍轡庫使副、氈毯使副、榷易使副、香藥庫使副、牛羊使副、西八作使副、東八作使副、西綾錦使副、東綾錦使副、衣庫使副、弓箭庫使副、儀鸞使副、軍器庫使副、御使副、尙食使副，而至翰林使副。

㊻ 《宋史》卷二六八、張遜傳、頁九二二二。

㊼ 見註㊵，供奉官自東頭出，至洛苑使副，至少歷遷九階，再歷內園使副，而至文思使副共遷十一階。

㊽ 《宋史》卷二六八、王顯傳、頁九二三〇。

㊾ 見註㊺，供奉官出東班，至軍器使庫，至少歷十六階。

㊿ 《宋史》卷二六八、楊守一傳、頁九二二四。

(71) 按西班、東班之上，尙有橫班之官階，即西上閤門使副、東上閤門使副、四方館使、引進副使、客省使副、內容省使。楊守一自供奉官出，遷東上閤門使，實際已直遷橫班。

(72) 宋代以知州親民之官，雖爲近邊內地州郡，亦鮮以武臣爲之，《長編》卷一〇八、仁宗天聖七年五月、頁二五一三即謂：「上封者言：近邊內地州郡，多是儒臣知州，邊事武略，安肯留意……。」故此，武臣知邊州，視爲差遣之榮，在都監、監押之上。知《長編》卷八二、眞宗大中祥符七年四月己未條、頁一八七〇，其載差遣次序時，即以親民、都監、監押，順序而下。

(73) 例如《長編》卷五九、眞宗景德二年二月甲辰條，時李允則知雄州，爲西上閤門副使，其後知雄州之何承矩，已經爲引進使，頁一三一九—一三二〇。以三班官任邊州處，多貧賤艱難地方。《長編》卷六五、眞宗景德四年三月癸丑條、頁一四四八：「命兵部員外郎邵曄，擇三班使臣一人堪知廉州者，具名以聞，是州炎瘴尤劇，數年間，守土淪沒者四人，上甚憫之……既而曄奏殿直袁繼遷，詔授閤門祗候，遣之。」

⑭ 眞宗極初時期，還是承繼太祖、太宗之邊事政策，以武臣知州，堅守邊區。《長編》卷五九、景德二年正月、頁一三〇八：「上以河北守臣得武幹善鎭靜者，乙卯，命西上閤門使馬知節知定州，孫全照知鎭州……楊延朗知保州……供備庫使趙繼昇知邢州，西上閤門副使李允則知雄州，供備庫副使趙彬知霸州……」。其後對武臣知州之信心顯然削弱了，以其欲通過戰爭而爭利。《長編》卷六七、景德四年十二月、戊午條、頁一五一四：「上謂輔臣曰：比者，武將戎臣，多言與契丹和不便。王旦曰：儒臣中亦有此論……。馮拯曰：邊方不寧，武臣幸之以爲利。」及至仁宗之世，武臣知州之形象更爲低落，多改以交臣知州。《長編》卷一一四、仁宗景祐元年四月、頁二六七四：「新江東轉運使蔣堂言：竊見諸路差文臣知州者言，多是素昧條教，不知民事，欲乞自今除扼東邊陲之，合選任近上武臣外，其餘州軍，即改差文資……。」

⑮《長編》卷五、太祖乾德二年正月、頁一二一。

⑯《長編》卷八、太祖乾德五年正月甲午條、頁一八六。又同書卷、太祖乾德五年十一月、頁一九七。

⑰《長編》卷十四、太祖開寶六年正月、頁二九七。

⑱《長編》卷一九、太宗太平興國三年五月、頁四二九。

⑲《長編》卷一、太祖建隆二年十二月癸丑條、頁五六。

⑳同上。

㉑《宋史》卷二六三、劉熙古傳附劉蒙正傳、頁九一零一。

㉒《長編》卷十六、太祖開寶八年十二月、頁三五四。

㉓《宋史》卷二六〇、李漢瓊傳附李漢贇傳、頁九〇二〇。

㉔《長編》卷十六、太祖開寶八年五月、頁三四〇。

㉕《長編》卷十九、太祖太平興國三年三月、頁四二四。

㉖《長編》卷十九、太宗太平興國三年四月庚辰條、頁四三〇。

㉗《長編》卷十八、太宗太平興國二年七月、頁四〇九。

㉘《長編》卷十九、太宗太平興國三年正月庚寅條、頁四二四。

㉙例如削弱地方鎮將權力，《長編》卷三、太祖建隆三年十二月癸巳條、頁七六：「凡盜賊鬥訟，先委鎮將者，詔縣令尉復領其事。」取代地方元從牙校之重要性，《長編》卷十、太祖開寶二年七月、頁二三〇：「丙寅，以天雄節度使符彥卿爲鳳翔節度使。彥卿鎮大名十餘年，委政於牙校劉思遇……於是，始議擇官代之。」將藩侯與元從親將關係隔離，《長編》卷十一、太祖開寶三年五月、頁二四六：「戊申，詔諸州長吏，毋得遣僕從及親屬掌廂鎮局務。」註云：「太平興國二年，禁藩侯補親隨爲鎮將，自此但用本州衙吏爲之。」縮短元從親吏長期任事之可能性，《長編》卷一三、太祖開寶五年十月、頁二九

〇：「已酉，詔諸州場院官、糧料使、鎮將，並以三周年爲任。」嚴格監視牙吏之活動，《長編》卷十八、太宗太平興國二年正月、頁三九二—三九三：「五代藩鎮多遣親吏往諸道回圖販易，所遇皆免其算……太祖患之，未能止絕……自今不得因乘傳出入，齎輕貨，邀厚利，并不得令人於諸處回圖……。」最後，改變地方牙校性格，使成爲州縣之基層官吏，例如《長編》卷二〇、太宗太平興國四年十二月、頁四六六：「詔改司寇參軍爲司理參軍，以司寇院爲司理院……又置判官一員，委諸州於牙校中擇有幹局，曉法律，高貲者爲之。給以月俸，如舊馬步判官之例……尋又詔諸州察司理參軍有不明推鞫，致刑獄淹滯，具名以聞，蔽匿不舉者罪之。」經過了連串程序，地方將校成爲中央可控制之地位較低官員。

⑽《宋史》卷二五三、李繼周傳、頁八八七〇。

⑾《長編》卷廿九、太宗雍熙四年七月條下，李壽註謂，頁六三八。

⑿眞宗時，在太宗三班官制改革之新添名目外，又增設了內殿承制，孫逢吉《職官分紀》卷四十四、橫行東西班大小使臣條、頁十六：「國朝大中祥符二年，詔置內殿承制班，在內殿崇班上，秩比殿中丞。」至於三班借職之下出現之三班差使殿侍，《職官分紀》未將之列入「小使臣」之範圍，以其秩輕故也。其實亦在眞宗朝已有，詳見《長編》卷七九、眞宗大中祥符五年十一月、頁一八〇六。反之，到了後期，內殿承制以下至三班差使、三班借差，被視爲「小使臣」之十二階。《資治通鑑長編紀事本末》卷一二五、徽宗政和二年九月癸未詔謂：「內殿承制以下小使臣，新官敦武郎舊官內殿承制、修武郎舊官內殿崇班……承信郎舊官三班借職、進武校尉舊官三班差使、進義校尉舊官三班借差，右十二階。」

⑬ 同上。

⑭ 眞宗景德時期，武臣之磨勘以七年爲限，《長編》卷六三、眞宗景德三年六月、頁一四〇六：「詔三班院考較使臣以七年爲限，嘗有徒以上罪者，自赦後理年考課。」到了大中祥符時，又轉爲五年磨勘，《長編》卷七〇、大中祥符元年十月癸丑條、頁一五七三：「三班使臣經五年者與考課。」至天禧年間又以七年磨勘爲準，《長編》卷九二、天禧二年六月、頁二一一七：「壬辰朔，詔三班使臣經紛、陰改官後七年者，並許考課遷秩。」以七年磨勘之法至仁宗景祐年間仍不改，《長編》卷一一九、仁宗景祐三年十二月、頁三八一二：「初，三班使臣七年乃磨勘，李迪初入相，奏減二年。諮請自詔下經七年磨勘後，乃用新制。」其間略見跡象向五年磨勘發展。到了慶曆年間，早於范仲淹新法，武臣每五年磨勘便成爲定制了。詳見《長編》卷一四三、仁宗慶曆三年九月、頁三四三一—三四三二。

⑮ 《宋史》卷一六九，職官九、武臣三班借職至節度使敘遷之制，頁四〇二九—四〇三一。對於內殿承制以下之三班官，只得逐資升轉。至於使副則能轉五資成七資。如禮賓副使，轉崇儀副使，即遷五資（西染院使副、東染院使副、西京作坊使副、西京左藏庫使副，而至崇儀使副）。遇戰功，可再歷如京使副、洛苑使副，即共七資。至於諸司正使，舉例如洛苑使，可轉西作坊使，亦共遷五資（內園使、文思使、六宅使、莊宅使、西作坊使）。遇戰功，再加兩資，由東作坊使至左藏庫使，其他正使、副使轉遷之法亦同。三班轉遷之緩慢，造成三班官員層，爲武官中人數至多者。

伍、三班差遣之確立與帝王新興耳目之產生

太宗淳化年間三班官制改革下，三班借職、三班奉職、左右殿直、左右侍禁、東西頭供奉官已經成為單純寄祿之官階。也惟有在官階完全寄祿之情況下，不同性質、等級之差遣類目始能全面發揮。故此，漸次在三班官寄階制度下產生了差遣制度以進行相互配合。由於三班官制改革在太宗後期，所以真正能整體表現官階與差遣之配搭往往有待於真宗與仁宗時期，也就是北宗由初期踏入中期之時候。三班官階內部之擴張，配合差遣類目取代了實際之職權。使中央能夠在一段頗長之時間內，儘量安心地吸納多種勢力成為官員，也能使中央高官，通過大量蔭補子弟而保障其既得利益。就當時而言，不失為國家統一之權宜之計。然而，隨著時代變遷，三班官階內部官員數目之迅速增長，又不能避免地造成冗官之問題。為北宋仁宗以後帶來國計上很大之隱憂。

三班官階重整下，至即時之影響莫過如三班賤職觀念之產生。在此以前，三班官親信之地位雖多少遜色於前代，然而於當日為官子弟之心目中，仍不失為仰慕之職。蓋其高尚與否，不在於官階之高低，而是始終未完全脫離帝王親信之任使職能。這種情況，雖然在三班官制改革前夕，因為大量吸納

、羈縻官僚員數而局部地削弱。然而，最致命之打擊，要算是官階確立後，差遣性質之徹底改變。唯一能夠顯示三班官親從地位之任使，已經被地方按級序之差遣所取代。換言之，官階便成了單一衡量職份高低之標準。故此，賤職之觀念便普遍擴散於三班借職、奉職等至低級官階之間。三班官之整體形象亦大不如前，與帝王關係甚爲疏遠。

三班官既作爲官階，以配合非親從性之差遣類目，爲了繼續維持帝王對地方之監察，不得不興起了新型之走馬承受使臣類目，以彌補三班官因從事常性差遣而喪失親信功能。觀察走馬承受之功能，無疑就是舊日三班官走馬任使之影子。故此，走馬承受使臣之出現，標誌著五代迄宋初三班官制徹底轉變之里程碑。事實上，在三班官階重整與差遣制度確立後，已經再無所謂三班官之職能。甚至更嚴格來說，無所謂三班官。有的只是一系列被稱爲小使臣之官階，再配合多種類目之差遣。其間之「官」與「職」皆爲流動性之概念。與五代宋初之三班官制，其分別不可謂不大。

一、三班官階與差遣類目之關係

舊日的三班官，在本官以內本包含著不同之職能。除了派遣至地方擔任常務性之職能，例如監軍、監稅、巡檢等職能外，還時常負起帝王之親信角色，諸如走馬奏報、暗殺、齎詔、領兵等多元活動。在承旨、殿直、供奉官之間雖有等級之分，然而在實行上述活動之際，三者整體上承擔著相同職責，未見按官階嚴分。這種官階與職責之關係正好成反比，換言之，其官階甚簡約，然而卻擔當多樣的行動，幾乎是五代宋初官員之特色。其作用大抵爲了適應戰爭時之靈活調動。五代時期，以割據統治之藩鎮爲主，由於管治之地方有限，故官僚制度往往以簡單爲主，尤多取襲藩鎮時期之元從系統，因利成便，改換名目而已①。三班官爲五代帝王舊日之元從，自然是多方親信任使。其職責彼此間之差異甚少，蓋整體地皆視爲帝王之親從官所致。

宋太宗三班官制之改革下，情況顯然便與五代宋初大不相同了。三班官階與差遣類目成了相互緊扣之環節。而官階所反映之差遣，只屬於地方擔任之常務性工作，特別規限了固定之職責範圍，諸如都監、監押、巡檢、監當等等，再按州、軍或以下之縣分爲若干等級，以配合個別三班官階。故此，三班內部，自三班借職、奉職、殿直、侍禁、供奉官，彼此於職能間存在著相當程度之分歧。在差遣之過程中，各個官階便具有相應之任務，失卻了五代宋初時期三班官約職繁之特色。爲了完全管理、控制偌大之國土，官員之激增與官職之細分化，似乎是無可避免之現實，多層之官階方便不斷吸納、羈縻地方之勢力，而多元化之差遣類目，使中央收回實權，以至有限度地重新分配，其步驟實始於太祖，而成於太宗末年②。三班官階之中央化，也自然衰失了原來與帝王之間之元從關係，雖有任何親信意味。三班本官既不能反映親信之地位，帝王若仍欲於當中顯示親信，便不得不在本官以外，加上「閤門祇候」之職銜了。這種類似文臣館閣請望之職，逐漸成了帝王外戚或親貴子弟常帶之榮譽③。三班官帶閤門祇候，於差遣之等級上顯然略高一等，更使三班官階與差遣關係，形於復雜。有關此方

表二十二　《長編》所見宋代中期三班官階與差遣類目之配搭關係簡表

<table>
<tr><th rowspan="2">人
名</th><th rowspan="2">差遣</th><th colspan="8">寄祿官</th><th rowspan="2">備註</th><th rowspan="2">出處
《長編》</th></tr>
<tr><th>三班借職</th><th>三班奉職</th><th>右班殿直</th><th>左班殿直</th><th>右侍禁</th><th>左侍禁</th><th>西頭供奉官</th><th>東頭供奉官</th></tr>
<tr><td>宿　翰</td><td>成都監軍</td><td></td><td></td><td></td><td></td><td></td><td></td><td colspan="2">v</td><td>領麾下投劍門，合兵擊李順等賊。</td><td>卷35淳化5.2
P.772</td></tr>
<tr><td>陳　廉</td><td>冀州監軍</td><td></td><td></td><td>v</td><td></td><td></td><td></td><td></td><td></td><td>防援城壘有勞。</td><td>卷37至道1.3
P.810</td></tr>
<tr><td>陳　采</td><td>往西川、陝西體量公事</td><td></td><td></td><td></td><td></td><td></td><td></td><td colspan="2">*</td><td></td><td>卷45咸平2.8
P.962</td></tr>
<tr><td>焦守節</td><td>往西川、陝西體量公事</td><td></td><td></td><td></td><td></td><td>*</td><td></td><td></td><td></td><td></td><td>卷45咸平2.8
P.962</td></tr>
<tr><td>張從右</td><td>知宜州</td><td></td><td></td><td></td><td></td><td></td><td></td><td colspan="2">v</td><td>屢破溪蠻，故累遷。</td><td>卷45咸平2.9
P.964</td></tr>
<tr><td>楊懷忠</td><td>知蜀州</td><td></td><td></td><td></td><td></td><td></td><td></td><td colspan="2">*</td><td>聞成都亂，調鄉丁會巡檢兵討之。</td><td>卷46咸平3.1
P.989</td></tr>
<tr><td>孫正辭</td><td>諸州都巡檢使</td><td></td><td></td><td></td><td></td><td></td><td></td><td colspan="2">*</td><td></td><td>卷46咸平3.1
甲午　P.989</td></tr>
<tr><td>胡　澄</td><td>審行饒州置場計度</td><td>v</td><td></td><td></td><td></td><td></td><td></td><td></td><td></td><td>與江南轉運使任中正計度之。</td><td>卷47咸平3.7
丙申P.1021–1022</td></tr>
<tr><td>張　禧</td><td>詣諸道體量安撫</td><td></td><td></td><td></td><td></td><td></td><td></td><td colspan="2">*</td><td>京東水災，故有是命。</td><td>卷47咸平3.8
辛亥 P.1023</td></tr>
<tr><td>馬　濟</td><td>知順安軍</td><td></td><td></td><td></td><td></td><td colspan="2">*</td><td></td><td></td><td>兼任屯田事務。</td><td>卷52咸平5.6
丁亥 P.1139</td></tr>
<tr><td>龔　元</td><td>路司指使</td><td></td><td></td><td colspan="2">v</td><td></td><td></td><td></td><td></td><td>稍有勞績，請賜遷擢。</td><td>卷52咸平5.8
辛亥 P.1146</td></tr>
<tr><td>趙希素</td><td>保州監押</td><td></td><td></td><td></td><td></td><td colspan="2">v</td><td></td><td></td><td>上聞其不任事，察而罷之。</td><td>卷52咸平5.8
P.1147</td></tr>
<tr><td>尹　能</td><td>定州路承受</td><td></td><td></td><td colspan="2">v</td><td></td><td></td><td></td><td></td><td>與王繼忠戰死，贈如京使。</td><td>卷54咸平6.5
P.1193</td></tr>
</table>

（表例：有 v 者爲官階所在。
有 * 者爲官階帶閤門祗候。
介乎中間者爲未明言左右班或東西頭者）

表二十二　宋代中期三班官階與差遣類目之配搭關係簡表

續

人名	差遣	寄祿官								備註	出處《長編》
		三班借職	三班奉職	右班殿直	左班殿直	右侍禁	左侍禁	西頭供奉官	東頭供奉官		
李　勳	望都縣監押			v						與王繼忠戰死，贈供備庫使。	卷54咸平6.5 P.1193
曹　瑋	知渭州							v			卷55咸平6.6 P.1203
張　越	都巡檢							v		領兵擊商州叛兵。	卷59景德2.3 P.1328
王文用	泗州巡檢			v						爲所捕賊賂，謀爲剽劫，斬之。	卷64景德3.9 庚子 P.1424
黃慶集	監柳州鹽酒	v								至是來歸，補官差遣。	卷64景德3.12 P.1438
來閑喜	鎮將		v							其父死，故補此官。	卷61景德2.10 丁酉P.1372
來守信	鎮將	v								其父死，故補此官。	卷61景德2.10 丁酉P.1372
袁繼遷	知廉州			*						是州炎瘴尤亂，選殿直充之。	卷65景德4.3 癸丑P.1448
張希正	賓州監押		v							上慮南北風土異，可改任荊湖北路州軍。	卷65景德4.6 P.1463
韓　明	柳州柳城縣監押			v						率所部兵千餘禦亂，戰死。	卷66景德4.7 乙酉P.1476
許　貴	桂、象等州同監押		v							率所部兵千餘禦亂，戰死。	卷66景德4.7 乙酉P.1476
張學貴	吉、融、柳州同巡檢			*						宜州賊來攻，禦而敗之。	卷66景德4.8 P.1483
張守榮	邕州巡檢使							*		以疾卒，贈如京使。	

表二十二　宋代中期三班官階與差遣類目之配搭關係簡表

續

人名	差遣	寄祿官								備註	出處《長編》
		三班借職	三班奉職	右班殿直	左班殿直	右侍禁	左侍禁	西頭供奉官	東頭供奉官		
李繼福	綏銀等州諸族巡檢								v	以其嚮化忠順，分主蕃部，加秩。	卷68大中1.1 P.1522
任　賽	縣同巡檢				v					爲江安縣蠻人所害。	卷68大中1.1 癸卯 P.1526
黎守忠	掌権貨場								*	三司言其些課增，遂賞之。	卷69大中1.6 P.1547
邊守信	監紛州靈石縣礬務	v								坐赴本縣令飲席，是爲公罪。	卷71大中2.5 P.1606
孫　詡	知施州						v			擅賦斂入己，削藉爲民。	卷73大中3.3 P.1663
張仲民	利州路承受						v			所報虛妄，責降之。	卷80大中6.4 庚午P.1822
張　綸	展州都巡檢使								v	招撫沿邊蠻人。	卷81大中6.11 丙辰P.1853
伽　凌	金明巡檢使	v								從鄜延路駐泊部署曹利用之請。	卷82大中7.3壬子P.1868–1870
李崇政	河東路承受								v	坐增減上言，張皇動衆，降職。	卷82大中7.6 P.1879
張仲文	西川路承受						v			坐增減上言，張皇動衆，降職。	卷82大中7.6 P.1879
張仲達	瓦亭寨駐泊都監				*					率兵屯可門，仲達戰死。	卷83大中7.7 丁亥P.1887
王襲先	監務饒州		v							繫州民箠之，責開封散教練使。	卷83大中7.70 壬寅P.1889
魏進武	監房州稅	v								自言爲州近蠻界，乞移他所。	卷83大中7.11 戊戌P.1902

表二十二　宋代中期三班官階與差遣類目之配搭關係簡表

續

<table>
<tr><th rowspan="2">人名</th><th rowspan="2">差遣</th><th colspan="8">寄祿官</th><th rowspan="2">備註</th><th rowspan="2">出處《長編》</th></tr>
<tr><th>三班借職</th><th>三班奉職</th><th>右班殿直</th><th>左班殿直</th><th>右侍禁</th><th>左侍禁</th><th>西頭供奉官</th><th>東頭供奉官</th></tr>
<tr><td>李文眞</td><td>延世界碩爾族巡檢</td><td></td><td></td><td colspan="2">*</td><td></td><td></td><td></td><td></td><td>與蕃兵戰，斬亂首級，功遷。</td><td>卷80大中9.1壬子P.1965</td></tr>
<tr><td>馬　玉</td><td>同巡檢兼安撫都監</td><td></td><td></td><td colspan="2">*</td><td></td><td></td><td></td><td></td><td>撫水蠻拒命侵掠，益兵戎之。</td><td>卷87大中9.5 P.1989</td></tr>
<tr><td>蒙　肚</td><td>知歸化州</td><td></td><td></td><td colspan="2">v</td><td></td><td></td><td></td><td></td><td>數遣其子及其妻，族偵軍事。</td><td>卷88大中9.9 P.2018</td></tr>
<tr><td>賈象之</td><td>紅南路體量安　撫</td><td></td><td></td><td></td><td></td><td></td><td></td><td colspan="2">*</td><td>以仍些蝗旱，民多流徙故也。</td><td>卷89天禧1.5庚戌P.2060</td></tr>
<tr><td>曹　珣</td><td>淮南路體量安　撫</td><td></td><td></td><td></td><td></td><td></td><td></td><td colspan="2">*</td><td>以仍些蝗旱，民多流徙故也。</td><td>卷89天禧1.5庚戌P.2060</td></tr>
<tr><td>王　冀</td><td>緣淮巡撫</td><td></td><td></td><td colspan="2">v</td><td></td><td></td><td></td><td></td><td>爲城西鎭將李文諒所殺。</td><td>卷90天禧1.9 P.2079</td></tr>
<tr><td>李繼明</td><td>瓌州巡撫</td><td></td><td>v</td><td></td><td></td><td></td><td></td><td></td><td></td><td>以擅領兵與蕃部格鬥，敗傷。</td><td>卷90天禧1.9辛亥 P.2081</td></tr>
<tr><td>劉永崇</td><td>馳往辰州安　撫</td><td></td><td></td><td></td><td></td><td colspan="2">*</td><td></td><td></td><td>辰卅梁變寇邊，馳往安無應策。</td><td>卷90天禧1.11己亥P.2085</td></tr>
<tr><td>彭仕漢</td><td>監許、陳 }x
鄭州鹽稅</td><td></td><td></td><td>v</td><td></td><td></td><td></td><td></td><td></td><td>賜衣冠、婚帛。</td><td>卷91天禧2.4戊午 P.2112</td></tr>
<tr><td>史　方</td><td>知禮州</td><td></td><td></td><td></td><td></td><td>*</td><td></td><td></td><td></td><td>以討捕溪蠻，功賞之。</td><td>卷92天禧2.5甲戌P.2116</td></tr>
<tr><td>康八元</td><td>辰、禮、鼎州都巡檢使</td><td></td><td></td><td>*</td><td></td><td></td><td></td><td></td><td></td><td>以討捕溪蠻，功賞之。</td><td>卷92天禧2.5甲戌P.2116</td></tr>
<tr><td>薛　貽</td><td>滑州都監</td><td></td><td></td><td></td><td></td><td></td><td></td><td colspan="2">*</td><td></td><td>卷93天禧3.6癸卯P.2153</td></tr>
<tr><td>李士彬</td><td>延州金明縣都　監</td><td>v</td><td></td><td></td><td></td><td></td><td></td><td></td><td>*</td><td>斬宥州蕃族臘兒有功。</td><td>卷95天禧4.1辛子P.2178–2179</td></tr>
</table>

表二十二　宋代中期三班官階與差遣類目之配搭關係簡表

續

人名	差遣	寄祿官								備註	出處《長編》
		三班借職	三班奉職	右班殿直	左班殿直	右侍禁	左侍禁	西頭供奉官	東頭供奉官		
張淡成	知祁州								*	因淡成之請，特準上殿奏事。	卷95天禧4.2辛未P.2182
趙榮	經原路指使	v								擊殺蕃寇，以功賞。	卷82大中4.5丙辰P.2192
乞理	蕃都巡檢	v								以鄜延鈐轄周文質言其勤效也。	卷96天禧4.10戊戌P.2220
張惟一	監材場官								*	材場火，不當宿監官，責降之。	卷97天禧5.4.丁巳P.2245
唐儀	兩浙監當				v					伏遇覃慶，從其請也。	卷98乾興1.3 P.2278
曹克己	辰澧鼎州緣邊都巡檢							*		以順州蠻田彥晏擾邊寨故也。	卷99乾興1.12辛亥P.2305
王蒙正	縣駐泊都監					*				乾元節子弟入貢，故有事請。	卷100天聖1.7己巳P.2325
劉舜卿	西京陝府界巡檢				v					捕獲盜賊八百餘人。	卷101天聖1.10 P.2339
何承勛	監興平縣酒稅				v					盜官物，貸死，杖脊配廣南牢城。	卷101天聖1.11 P.2342
康文德	永興軍都監							v		朱能叛不能察，落職貶官。	卷102天聖2.2丙寅P.2350
康惟一	懷州兵馬都監						*			從其父知秦州康繼英所請。	卷102天聖2.2甲申P.2351
王懷鈞	監晉州鹽稅		v							文不死，以懷鈞繼領州事。	卷102天聖2.8 P.2365
遇埋	環慶路蕃官巡檢		v							殺牛犒蕃部，欲寇山外。	卷103天聖3.10庚戌P.2390

表二十二　宋代中期三班官階與差遣類目之配搭關係簡表

續

人名	差遣	寄祿官								備註	出處《長編》
		三班借職	三班奉職	右班殿直	左班殿直	右侍禁	左侍禁	西頭供奉官	東頭供奉官		
王仁嶼	歸峽岳鄂都巡檢使					v				與蠻賊力戰死，贈崇儀使。	卷103天聖3.10壬子 P.2393
高繼榮	環州瑑邊巡　檢							*		捕擊寇邊外族，功賞之。	卷104天聖4.6癸未P.2410
張繼思	京西路體量安　撫							*			卷104天聖4.6庚子P.2412
張文廣	潭州監當		v							初李允則知雄州，使之刺事，來歸補官。	卷105天聖5.9 P.2447
王　濤	陝西路體量安　撫						*				卷105天聖5.10丁卯P.2449
郭　立	州軍體量安　撫						*			以河北災傷故也。	卷106天聖6.4丁卯P.2470
劉永証	江淮兩浙體量安撫							v			卷106大聖6.7甲寅P.24477
曹利涉	趙州都監						*			強使邸店，盜官物遂決杖二十。	卷107天聖7.2 P.2496
何九齡	貝州兵馬監押			*						其父與屯田捍邊，特命輔之。	卷107天聖7.3辛酉P.2502
劉　翰	全邵等州同巡檢使						v			與蠻賊戰死　。	卷110天聖9.7壬申P.2564
栗守直	永州都巡檢使					v				與蠻賊戰死。	卷110天聖9.8 P.2565
高　德	宜州普義寨監押				v					與蠻賊戰死。	卷111明道1.7庚寅P.2585
張　孚	太康縣駐泊巡檢					v				坐用劄子奏事，責降之。	卷112明道2.7 P.2621

表二十二　宋代中期三班官階與差遣類目之配搭關係簡表

人名	差遣	寄祿官								備註	出處《長編》
		三班借職	三班奉職	右班殿直	左班殿直	右侍禁	左侍禁	西頭供奉官	東頭供奉官		
折繼宣	知府州			*						惟忠世將家，領府州事凡廿年死，子領之	卷113明道2.11 P.2643
楊遵	慶州緣邊都巡檢使							*		治龍馬鎭、節義烽，敗兵責降。	卷115景祐1.10 丙戌P.2705-6
王文	寧州都監						*			同上	同上
盧訓	柔遠寨監押					v				同上	同上
桑懌	永安縣巡檢			v						擢巡檢使，會廣、桂二州都監捕賊。	卷116景祐2.5 甲午P.2731
田丙	知桂州								*	討捕鎭寧州蠻莫陵等七百餘人。	卷116景祐2.5 丁未 P.2735
許政	雷、化州同巡檢				v					與蠻賊戰死。	卷117景祐2.8 P.2752-2753
李至忠	瓊、崖州同巡檢			v						與蠻賊戰死。	卷117景祐2.12 P.2768
高永錫	石州定胡縣監押					v				與蕃賊戰，斬首功賞。	卷118景祐3.6 P.2790
劉允忠	知施州							*		誘溪蠻譚彥緒降，功賞之。	卷120景祐4.4 P.2829
裴永昌	本族巡檢	v								柔遠寨蕃部巡檢誘其以族內附。	卷123寶元2.2 癸酉P.2896
鄭從政	寧州都監								*	保安軍守禦有功，賞之。	卷125寶元2.12 乙丑P.2945
狄青	都巡檢司指使			v						禦保安軍有功，超資授之。	卷125寶元2.12 乙丑P.2945

表二十二　宋代中期三班官階與差遣類目之配搭關係簡表

續

人名	差遣	寄祿官								備註	出處《長編》
		三班借職	三班奉職	右班殿直	左班殿直	右侍禁	左侍禁	西頭供奉官	東頭供奉官		
王　慶	柔遠寨監押					v				賞破後寨及討吳家等族帳。	卷126康定1.1 癸酉
薛文仲	廣南監當					v				元昊入寇，輒還京師，故責之。	卷126康定1.2 P.2976
邵元吉	延州安遠寨都監						v			元昊攻安遠、塞門、永平等寨，卻之。	卷126康定1.2 P.2977
王繼元	永平寨監押					v				同　上	同上
王　至	經略司指使	v								元昊入寇，追戰死之。	同上
張　異	延州金明縣都監							*		元昊入寇，戰沒於延州。	卷127康定1.4 戊申P.33007–8
高守忠	鄜延路指使		v							同上	同上
張　達	鄜延路指使		v							同上	同上
道　信	陝西都部署司指使	v								本司言其習知邊事也。	卷128康定1.7 P.3029
張建候	延州都監							v		范仲淹分州兵爲六將，其爲第六將。	卷128康定1.8 庚戌P.3035–6
李禹亨	鎭戎軍監押							v		贈任福等官軍戰死者。	卷131慶曆1.2 丁酉 P.3102
劉　鈞	三川寨監押					v				同上	同上
李　絳	秦州駐泊都監					*				爲涇原路管勾招撫蕃落公事。	卷132慶曆1.7 已巳P.3153

表二十二　宋代中期三班官階與差遣類目之配搭關係簡表

續

人名	差遣	寄祿官								備註	出處《長編》
		三班借職	三班奉職	右班殿直	左班殿直	右侍禁	左侍禁	西頭供奉官	東頭供奉官		
王餘慶	知豐州						v			元昊陷豐州，皆死之。	卷133慶曆1.8 乙未P.3171
侯秀	指使	v								同上	同上
趙喻	鄜州、環慶都巡檢使。								*	與西賊接戰，卻賊而歸。	卷133慶曆1.9 庚申P.3175
趙兼遜	通、泰等州都巡檢								v	兼遜捕海賊，鬥死也。	卷134慶曆1.12 P.24477
秦砡	邕州永平寨監押					v				以砡與蠻人鬥死也。	卷135慶曆2.4 P.3240
許思純	瓦亨寨都監						*			舊懷敏經原路戰死將領。	卷138慶曆2.10 癸丑P.3314
霍達	涇原路都監司指使		v							同上	同上
延正	本族巡檢	v								內屬蕃部逃潰不可遏，誘而擢之。	卷139慶曆3.2 甲子P.3355
蒙守中	監和州稅					v				自陳不願爲武吏，改大理許事。	卷140慶曆3.4 P.3365
王世卞	鄭州兵馬監押					v				既爲官職，而輒私自歸，有司劾之。	卷141慶曆3.5 P.3381
齊再昇	秦鳳都監								*	蔭其孫爲郊社齋郎。	卷141慶曆3.6 P.3388
宋璘	沂州巡檢	v								賞捕殺王倫之功。	卷142慶曆3.8 辛亥P.3418-9
劉滬	瓦亨寨監押					v				任福敗，開門納蕃部民。	卷144慶曆3.10 P.3486

表二十二　宋代中期三班官階與差遣類目之配搭關係簡表

續

人名	差遣	寄祿官								備註	出處《長編》
		三班借職	三班奉職	右班殿直	左班殿直	右侍禁	左侍禁	西頭供奉官	東頭供奉官		
折保忠	延州蕃官巡檢			v						出兵拒西賊，獲首級器甲。	卷147慶曆4.3戊寅P.3565
張克明	潭州都監								v	克明死蠻事，補其子淳。	卷149慶曆4.5壬午P.3613
史克順	保州、廣信軍管界巡檢					v					卷152慶曆4.9P.3699-3700
張　濆	保州指使	v									同　上
吹博迪	本族巡檢		v								卷154慶曆5.2P.3748
實　吉	環州蘇家族巡檢				v					捍賊於細腰城有功。	卷155慶曆5.4P.3768
安忠信	淮南監當		v							嘗爲契丹刺事雄州，至是來歸。	卷157慶曆5.10戊辰P.3804
李文吉	同　上		v							同　上	同　上
王惟德	邕、貴等州都巡檢使				*						卷168皇祐2.2辛未P.4033
高士安	邕州都巡檢				v					儂智高反，皆戰死。	卷172皇祐4.4P.4142
吳　香	欽、橫州同巡檢			v						同　上	同　上
王日用	橫州監押								v	智高入橫州，其棄城。	卷172皇祐4.5癸丑P.4145
馬　貴	康州監押				v					智高入康州，馬貴死之。	卷172皇祐4.5壬戌P.4145

表二十二　宋代中期三班官階與差遣類目之配搭關係簡表

續

人名	差遣	寄祿官								備註	出處《長編》
		三班借職	三班奉職	右班殿直	左班殿直	右侍禁	左侍禁	西頭供奉官	東頭供奉官		
韋貴	永都監都監					*				永通監卒殺知監，其捕斬之。	卷172皇祐4.5 癸酉P.4147
李貴	桂、宜、柳州巡檢	v								擊智高於龍岫峒，兵敗，死之。	卷173皇祐4.9 甲寅P.4171
劉莊	溪峒都巡檢								v	智高賊至，棄城逃，除名刺配。	卷174皇祐5.3 P.4202
周世昌	走馬承受							v		諸蕃部數出擾邊，令討擊之。	卷175皇祐5.7 庚辰P.4224-5
訥支蘭氈	本地分巡檢				v					月俸錢五千，候一年能彈壓蕃部。	卷175皇祐5.7 已丑P.4225
慕容允明	瓊、崖州巡檢	v								黎賊符護嘗犯邊，討而執之。	卷176至和1.5 丙子P.4261
蔣憲	東西安撫司指使		v							告獲劇賊劉唐五人，特錄之。	卷180至和2.7 P.4357
張世安	豐州緣邊同巡檢			v						富弼言其有武勇，特命之。	卷181至和2.12 P.4384
蒙全會	廣南安化州知州		v							廣南安化州蠻頗方物，知州爲奉職。	卷181至和2.12 已亥P.4385
張忠	單州監押			v							卷184嘉祐1.11 已卯P.4451
馬寧	臨寨堡監押	v								待西人于境上，與討邊界田事。	卷185嘉祐2.2 P.4470
王咸孚	虔州巡檢						v			不掩捕鹽賊戴小入，除名。	卷190嘉祐4.10 癸亥P.4595
馬尤正	清井監監押						v			按所論功不實，奪官。	卷194嘉祐6.7 癸卯P.4697-8
蘇恩	五門蕃部巡檢					v				分所管蕃部爲八族，各推首領主之。	卷195嘉祐6.8 乙丑P.4699

表二十三　北宋中期三班官階與差遣關係總表

官階＼差遣		體量安撫	知軍州、邊州	走馬承受	都監					監押				
					州都監	軍都監	監都監	縣都監	寨以下都監	州監押	軍監押	監監押	縣監押	寨以下監押
供奉官	東頭、帶閤門祗候	(P.2660)	(P.2735)		(P.3388)									
	東頭		(P.1864)	(P.1879)	(P.3613)					(P.4144)				
	西頭、帶閤門祗候		(P.2829)		(P.2945)						(P.3102)			
	西頭	(P.2477)		(P.2976)	(P.3035)	(P.2350)								
侍禁	左侍禁、帶閤門祗候	(P.2470)	(P.971)		(P.2705)		(P.4147)							
	左侍禁			(P.4699)								(P.4697)		
	右侍禁、帶閤門祗候	(P.2449)	(P.2116)		(P.3056)			(P.2325)						
	右侍禁				(P.2210)								(P.2790)	
殿直	左班、帶閤門祗候		(P.1448)						(P.1887)					(P.3240)
	左班殿直									(P.2502)				
	右班殿直			(P.1193)						(P.4451)		(P.1476)	(P.1193)	
奉職														
侍職														(P.4470)

（表例：．《長編》所見官階與差遣之位置舉隅。
——不同差遣在官階上普遍呈示之等高線。
- - -同類差遣中，官階之上下限差距。　）

表二十三　北宋中期三班官階與差遣關係總表

官階 \ 差遣		巡檢使、巡檢：州都巡檢使	州都巡檢	州巡檢部	州巡檢	州同巡檢	縣同巡檢	族巡檢	蕃官以下緣邊巡檢	監當：路監押	州監押	縣監押	場監押	路司指使
供奉官	東頭、帶閤門祗候	(P.3175)												
	東頭		(P.3206)											
	西頭、帶閤門祗候	(P.2305)		(P.1491)										
	西頭		(P.1328)											
侍禁	左侍禁、帶閤門祗候													
	左侍禁			(P.2564)	(P.4595)									
	右侍禁、帶閤門祗候													
	右侍禁													
殿直	左班、帶閤門祗候				(P.1493)	(P.1989)								
	左班殿直					(P.2752)	(P.1526)	(P.3768)	(P.2339)	(P.2502)				
	右班殿直				(P.1424)	(P.2768)			(P.3565)		(P.2112)	(P.2342)		(P.2945)
奉職									(P.2390)	(P.3804)				
侍職								(P.2896)	(P.2220)		(P.1902)	(P.1606)	(P.1021)	(P.4470)

（表例：
·　《長編》所見官階與差遣之位置舉隅。
·——　不同差遣在官階上普遍呈示之等高線。
- - -　同類差遣中，官階之上下限差距。　）

面，歷來更少爲人所注意，値得再加分析。

三班官階改制，雖成於太宗時期，然而由於已近末年，故此眞正體驗其官階與差遣之掛勾關係，始終要到宋中期，即眞宗和仁宗時期了。本部份之論述，嘗試以《長編》爲基礎，按其年月，分別摘錄太宗末年，以至眞宗、仁宗時，三班本官與差遣類目之關係，抽取其代表性者，列成表二十二。再將既得資料，以官階與差遣類目歸類，總括其二者相互掛勾之形式，見表二十三。

簡表所見者，大體顯示了三班官各個官階內，至爲常見之差遣任務，其他較瑣碎或不具普遍性之臨時差遣，並未收入④。除了走馬承受、體量安撫、路司指使等隨著路制而興起之新型差遣外，如都監、監押、巡檢、監當與知軍州，皆在太宗以前經已存在，而加以逐步制度化。表面上，宋代官階與差遣之分割，造成官制上很大之紊亂，多爲時人所詬病⑤，實際而言，這種遣官形式推行之時間頗長，自有發揮其相互配合之處。三班官各官階相對之差遣類目，顯然因著官階之不同而有異，但是在官階與差遣之間，又多少存在著落差，容許在窄幅度不同之官階，擔任著相同種類、等級之差遣活動。

三班官至高級之差遣，是路制中之體量安撫、體量公事，擔任此等職務者，往往爲東頭或西頭供奉官，再帶上閤門祗候之官銜，例如眞宗咸平二年（九九九年）八月，陳寀、韓紹輝即分別以此官出任西川、峽西體量公事與荊湖路體量公事⑥。仁宗天聖四年（一〇二六年）六月，張繼恩亦以此官任京西路體量安撫⑦。至於出任此差遣之至低級官階，亦至少在西頭供奉官，天聖六年（一〇二八年）七月，劉永詮任爲江、淮、兩浙體量安撫，即爲一例⑧。路制以下，亦時於州軍間遣體量安撫，官階上又要比路制者爲低，如天聖六年（一〇二八年）四月，郭立乃以左侍禁於河北某些災傷州軍中體量安撫⑨。

其次，較高級之差遣爲知邊州。知州者，本視爲親民之官，多爲文職官員擔任，然於邊區處，軍事防守之意義甚濃，特以武官轄之，可謂軍區中之政令官。如眞宗天禧四年（一〇二〇年）二月，張淡成知祁州，其官階爲供奉官，帶閤門祗候⑩。仁宗景祐二年（一〇三五年）五月，田丙亦以東頭供奉官閤門祗候，知桂州⑪。在擔任同類知州之職責，往往在侍禁官階或以上，如眞宗大中祥符三年（一〇一〇年）三月，孫詡以侍爲知施州⑫，仁宗慶曆元年（一〇四一年）八月，王餘慶則以侍禁知豐州⑬。然而，越近極邊之地方，開發之程度越低，僅屬羈縻之州，乃常以本族人授以較低之三班官階，方便治理。例如眞宗大中祥符九年（一〇一六年）九月，授蒙肚殿直，知歸化州⑭。仁宗至和二年（一〇六五年）十二月，授蒙全會三班奉職，知廣南安化州⑮，亦爲一例。其性質顯然比前面之知州，有所不同。

在知州親民官以下，要算以都監爲較高級之差遣。都監之職，大抵可分爲州都監、軍都監、監都監、縣都監及寨以下之都監。其中，州、軍、監，雖被分劃於同一級之地方制度內，然而就資料顯示，出任州之監督，官階至高，軍都監次之、監都監又次之。任州都監，至常見之三班官階爲供奉官帶閤門祗候，例如眞宗天禧三年（一〇一九年）六月，薛貽任滑州都監，即爲一例⑯。仁宗寶元二年（一〇三九年）十二月，鄭從政任寧州都監，亦以西頭供奉官帶閤門祗候⑰。供奉官不帶閤門祗候，而爲州都監者，亦多所見。如仁宗慶曆年間潭州都監，以東頭供奉官張克明任之⑱。康定年間，張建侯亦曾以西頭供奉官爲延州都監⑲。任職州都監至低之官階要求，常在侍禁或以上，如仁宗康定元年（一〇四〇年）十一月，狄青即以右侍禁帶閤門祇候任涇州都監⑳。

州之都監既以供奉官帶閤門祇候爲普遍，則出任軍之都監，多只以供奉官任之。如仁宗天聖年間之康文德，嘗以西頭供奉官爲永興軍都監㉑。任監之都監，又較次等地以侍禁帶職以領之。如仁宗皇祐四年（一〇五九年）五月，以右侍禁、閤門祇候韋貴爲永通監都監㉒。反觀縣之都監，理論上應在州、軍、監以下，但往往因軍事上之特殊位置，出任此職者，官階不低，其作用與州、軍者差不多。如仁宗時期之金明縣，地處延州，爲邊區緊要之地，康定元年（一〇四〇年）四月，張異任金明縣都監，亦具西頭供奉官帶閤職官階㉓。而天聖年間，李士彬同樣任金明縣都監，其官階亦在東頭供奉官㉔。然而，相信在一般情況下，縣之都監較州、軍、監之都監爲低㉕。

任職寨或以下之都監，官階顯然較低。如眞宗大中祥符七年（一〇一四年）七月，張仲達任瓦亭寨之都監時只爲殿直，帶閤門祇候㉖。較重要之軍事寨門，至多以侍禁官階爲之，如仁宗康定年間，任延州安遠寨都監之邵元吉，其官爲左侍禁㉗。

這種由上而下，官階與差遣各按級序之排列、配搭方式，不僅見於都監，就是監押之情況也是大致相同。爲州之監押，一般在供奉官階內。如仁宗皇祐年間，王日用即以東頭供奉官，任職横州監押㉘。較低的有以侍禁官階充任。例如眞宗咸平年間趙希素以侍禁爲保州監押㉙。在一些相對落後之邊區，州的都監是不設的。州之監押由官階較低者充任，亦間有出現殿直官階㉚。但是並不常見。至於軍之監押，至高之官階略遜於州監押之至高者，爲西頭供奉官帶閤門祇候，有仁宗慶曆元年（一〇四一年）間之鎮戎軍監押李禹亨㉛。監監押又似乎低於軍監押，例如仁宗嘉祐年間，馬允正即以左侍禁曾任淯井監監押㉜。而縣的監押，又往往較諸監監押爲低，例如仁宗景祐三年（一〇五一年）六月，高永錫以右侍禁嘗任石州之定胡縣監押㉝。至於寨之監押，普遍之官階在右侍禁或以下。例如仁宗景祐年間之盧訓，乃以右侍禁爲柔遠寨監押㉞，康定年間，邵元吉也曾以右侍禁爲永平寨監押㉟。慶曆年間之劉鈞，亦同以此官爲三州寨監押㊱。明道年間，高德爲普義寨監押時，爲左班殿直㊲。在殿直官階以下，又往往以三班奉職、借職，任爲寨之下如堡監押等職能㊳。

監押以下，又有不同種類之巡檢差遣。大抵可分爲州、縣、番族緣邊彊界等巡檢職責。州都巡檢使、州都巡檢與州巡檢使，代表著較上層之巡檢長官，其官階普遍佔據在供奉官及供奉官帶閤門祇候之間。例如眞宗咸平年間，孫正辭以供奉官帶閤門祇候任益州、川峽諸州都巡檢使㊴。眞宗景德年間之張守榮，亦以西頭供奉官帶職任邕州巡檢使㊵。再其次之州都巡檢，地位較低，如景德年間張越爲都巡檢時，只爲供奉官而已㊶。至於州巡檢以下至蕃族緣邊巡檢，則屬較低之官階出任。州巡檢之職，多爲遠地差遣工作，常以殿直以內官階爲之㊷。如眞宗景德年時之王文用，亦以殿直出任泗州巡檢㊸。而縣之巡檢與州之巡檢，出任之官階略同。有時在巡檢以外加上駐泊之名，即加重其職名，類於都監、監押，官階上自然稍爲提高，如仁宗明道時期之張孚，即以右侍禁爲太康縣之駐泊巡檢㊹。蕃官以下各類緣邊巡檢，固有以殿直出任，如仁宗慶曆間，折保忠以右班殿直任爲延州蕃官巡檢㊺，但是也不乏以奉職、借職出任之例子。其間多爲羈縻蕃族首長所設的。例如寶元年間，以白豹寨都指揮使裴永昌，爲本族巡檢㊻，官三班借職。又例如慶曆年間，以慶州星葉族蕃官吹博迪，爲本族巡檢，官三班奉職㊼。從上可知巡檢、監押、都監，其間均存在著相當之級序，容許新三班制度下，流動之官階與差遣之配合、升轉。這三種之差遣類目，可謂三班差遣活動中之中心支柱。

在巡檢以下之各路司指使，地位更低微。官階多不出奉職與借職之間。如仁宗康定年間，張達、高守忠以三班奉職出任鄜延路指使㊽。慶曆年間，霍達任爲涇原路都監司指使，亦爲三班奉職㊾。以三班借職出任者，如眞宗天禧年間，涇原路指使趙榮㊿、仁宗康定年間，陝西都部署司指使道信51，可資爲例。

三班官之差遣內容，十居其九包括在地方監軍及維持治安之工作性質上。對於地方理財，或監臨物務方面，用人相當謹慎。嚴格而言，儘量避免以武人出任，大抵是鑒於五代宋初，藩鎮理財之專擅。就是選任武官監當，多以官階低微者充任，以防弄權。無論是屬於路、州、縣、場之監當，計其官階之分別實不大。皆常用殿直及以下之官員充當。在這種情況下，按州、縣等劃分方法，未必能夠如都監、監押、巡檢等，看出其官階之差別。例如眞宗乾興元年（一〇二二年）三月，唐儀出任兩浙路之監當，官階在殿直52，而眞宗天禧二年（一〇一八年）四月，彭仕漢監許、陳、鄭州鹽稅，亦以殿直官階出任53。至如仁宗天聖時之何承勛，監興平縣酒稅時，亦爲殿直54。甚至有時，監當某路之工作，由三班奉職以執行⑤⑤。相反而言，監當某些場，本來指著範圍較小之經濟作業，鑒於監當之對象價値，又往往以殿直以上之供奉官階爲之⑤⑥，故此甚難一概而論。觀其整體之趨勢，以殿直及以下爲之，乃至爲普遍。

最後，三班官差遣之類目當中，不能不提新興之走馬承受職事。與上列所述之差遣工作很不同，走馬承受至能反映五代三班官原有之職責面目。大抵都監、監押等監軍之工作，是興於五代末期，那時，使臣之功能因軍隊之專業化而逐漸與帝王關係疏遠，退居於長期監軍之局面。三班官原有之親從性，表現在隨時爲帝王走馬探報，監察地方動靜以作爲帝王耳目。故此，擔任地方監軍，本來只是臨時性，用以執行上述目的之其中一種途徑而已。到了宋代，監軍反成爲差遣之主流，與五代設立三班官之動機，顯然是本末倒置了。監軍只成爲常性之地方職責而不帶任何親從之意義。走馬承受之出現，可以說是完全補足了三班官原有之面目。關於走馬承受與三班官關係，後文將作詳細交代。

正因爲走馬承受，具有強烈之親信意味，其官階未必至高，但地位超然，非都監、監押等一般差遣所能相提並論，甚至一路之帥師，對走馬承受也頗爲恭敬⑤⑦。擔任走馬承受者，官階通常在供奉官與侍禁間。例如眞宗大中祥符之李崇政，以供奉官任河東路走馬承受⑤⑧。仁宗皇祐年間之周世昌，亦以供奉官爲秦鳳路之走馬承受⑤⑨。以侍禁出任走馬承受者，如眞宗大中祥符時之利州路承受張仲文⑥⓪。除此以外，在較少見之情況下，亦有以殿直爲之。如眞宗咸平年間之尹能，乃以殿直爲定州路承受⑥①。

總括上述三班官各項差遣與官階掛勾之關係分析，二者頗有條理。大致而言，以三班官較高級之官階，擔任著較重要之差遣活動，對於相同種類而級別有異之差遣，其官階之分別亦不難發現。諸如都監、監押、巡檢、監當、路司指使，其官階由上而下之趨勢是相當配合；就是州都監與軍都監，軍監押與寨監押，在三班官階之要求上顯然不同。而各官階，在這種嚴密之差遣制度下，具有很獨立、鮮明之職責，避免了五代宋初，三班官制中一官多職之情況。但是反過來說，從差遣類目來顯示既有之官階，往往在官階與官階之間，出現了狹幅度之落差。諸如帶閤門祗候與否，東頭與西頭供奉官、侍禁與殿直等，形成了千絲萬絮之連帶關係。

以不同之官階，擔任相同之差遣，本來有助於官階較低之官員，通過積極之職責表現，以顯示與官階較高者工作水平之相近，在某種意義上，提供了較平等之晉升機會，可能是如此設立之本意。但畢竟在實踐過程中，遇到很大困難。宋初官階人數之激增，嚴重影響著中央對官員辦事能力之徹底評審，手續越趨形式及簡化。最後，官僚之進升與否，非在乎能力而往往在於按年磨勘遷資。如是，官階較高之官僚，就能長期仗此保持優勢。

更有甚之，官僚之升遷既不重於工作能力，官資能按時候循序漸進。官僚普遍在差遣之職責上，失卻了上進之意圖。宋代之武官層中，畢竟以低下級之官員佔大多數，其間三班官員數量尤多，蓋上接諸司使副，下接各種地方及流外官等較低官階，成了樽頸地帶。在這種官階與差遣二分化之情況下，製造了不少坐食之冗官，爲北宋帶來了沉重之經濟負擔，此乃太宗官制改革所始料不及的。

二、三班官制改革下賤職觀念之強化

三班官對君主由親信而轉疏，最後，其職能由走馬承受使臣完全取代，是一個頗爲複雜之過程。

其間亦並非一朝一夕之事。三班官失去親信之意味，從狹意上理解，固然是因爲在人數上不斷之增多，自然削弱了帝王親從之性質，個別有機會分沾帝王之私人任命也相應減少。然而從較廣闊之角度理解，眞正改變三班官親信性質的，是三班官官階與差遣類目產生高度之脗合。蓋三班官階以外，別無親信實職，而履行職責之唯一途徑，只有通過常性之差遣，三班親信之觀念頓然消失。相反而言，由於官階以外別無實職，官階俸祿之多寡便成了衡量官員貴賤之獨一標準，於是到頭來出現了三班賤職之觀念。賤職觀念逐步之形成，可以說是三班官由親信而變爲不親信之重要指標，造成了此消彼長之現象。

五代以還，三班官職雖低，然而素未稱爲賤職。踏入宋代，終太祖之世，三班官賤職觀念亦未產生。首先提到三班官爲賤職者，要到太宗太平興國年間，以牙校補殿前承旨，被視爲賤職羈縻㉒。爲太宗日後之官制改革留下伏線。雍熙以還，三班官漸次被視爲卑亢，宋琪以太宗多選擇三班，讚譽其不遺竹頭木屑，其實無形中顯示了三班官趨於卑賤。

《長編》卷二十五、太宗雍熙元年（九八四年）十二月條：

宋琪曰：近見陛下，自供奉官、殿直、承旨……咸加選擇，褒獎功勤，振拔淹滯，內外無不知勤。上曰：此輩久歷艱難……朕非但振舉湮沈，亦欲激厲使爲好事耳。琪曰：陛下不以卑亢，躬自搜訪，量材任職，無有棄人，所謂竹頭木屑亦不遺棄者也。

五代帝王選用三班官任使，是甚爲平常之事，太宗時三班官之任用，則被視爲極不尋常之擢任。三班官於當日官員心目中，整體地位是無疑降低了。然而若再細考三班官之內部，必發現三班之上級與下級，亦有貴賤之分。淳化二年（九九一年）正月之三班官制改革下，三班官階正式在武官之至底層，其間似乎以奉職特別卑賤。太宗至道年間王禹偁即明言：「三班奉職，卑賤可知。」[63]由於三班官階脫離了從前親信任使之實職，因此舊日作爲帝王耳目之高貴地位，便徹底失去。以後三班偶爾因遣使機會，得以上殿對答，亦被視爲「惑亂天聽」[64]，情況與五代時期顯然很不同。官階俸祿既成爲衡量貴賤之唯一標準，則三班奉職更形卑賤。

江少虞《宋朝事實類苑》卷六十三、談諧戲謔、詩嘲即謂：

舊制（太宗時），三班奉職曰俸錢，月七百，驛券肉半斤。祥符中，有人爲詩題所在驛舍間曰：三班奉職實堪悲，卑賤孤寒即可知。七百料錢何日富？半斤羊肉幾時肥？朝廷聞之，曰：如此，何以責廉隅……。（頁八三八）

其間戲謔之事雖屬眞宗之時，然三班奉職官階之俸祿制，實定於太宗後期。足以反映三班官階寄祿後，確强化了三班賤職之觀念。就是三班中之殿直，亦難與清望官相比。

《長編》卷三十五、太宗淳化五年（九九四年）二月條：

> 以大理評事陳舜封爲殿直。舜封父善奏聲，隸教坊爲伶官，坐事黥面流海島。舜封舉進士及第，任望江主簿，轉運使言其通法律，宰相以補廷尉屬。因奏事，言辭頗捷給，舉止類倡優，上問誰之子，舜封自言其父。上曰……此眞雜類，豈得任清望官……遂命改秩。（頁七七四—七七五）

以殿直官階以容納優伶之類，實可想像殿直階之地位並不高。殿直與三班奉職尙且如是，三班借職之情況自然更爲人所不屑。沈括《夢溪筆談》即載宋中期石曼卿之絕句曰：「無才且作三班借，請俸爭如錄事參。從此罷稱鄉貢進，直須走馬東西南。」[65]可知三班借職甚爲卑下。而在另一方面，代三班官舊日功能而起之走馬承受使臣卻爲一般人所羨慕。凡此莫不說明帝王親信對象之興替。

事實上，當日之三班官階，清濁之間已頗爲鮮明。殿宜以下之三班奉職、三班借職被確認爲賤職；殿直以上之供奉官、侍禁官階，還能夠脫離賤職之嫌。至於殿直處於其間，一時亦難分清濁，然越發展至後期，與上級官階之聯繫越密切。供奉官與三班借職階雖同謂三班，但是二者顯然差別很大。《長編》卷五六、眞宗景德元年（一〇〇四年）正月條即載：

> 環州馬步軍都指揮使王延順任職歲久，頗蓄欺罔，戎人情僞，或失其實，邊臣屬有論薦，乞授供奉官……上不許，召其子補三班借職以羈縻之。於是，延順願解軍政，因徙爲永興軍馬步都校……。（頁一二二九）

上述說明了作爲對蕃屬部將一種覊縻優遇之方式，賜其三班借職尙可。供奉官階作爲中央正式之命官，於性質上則不能輕授。二者自有其分別。又至如侍禁與三班奉職間，顯然亦具差異。某些衝要差遣，往往以奉職秩輕難以節制，而改以侍禁以上官階爲之。

《長編》卷六十七、眞宗景德四年（一〇〇七年）十二月條：

己亥，詔川峽節度州及衝要兵多處監押，用侍禁以上爲之。時與元府言，有小校對護軍無禮，其人乃三班奉職，以秩輕故也。（頁一五一一）

可知時人多卑視三班奉職，以其秩輕，對之無禮。以侍禁出掌，則可避免上述現狀。由於戰爭之驅使，政府多從三班官階較下層以探求人才，殿直逐漸成爲與供奉官、侍禁並稱之官階擢用對象。

《長編》卷六五、眞宗景德四年（一〇〇七年）六月條：

詔三班使臣，頗有負才能者，朝廷雖加旌權，恐未周悉。宜令吏部尚書張齊賢以下三十人，各保舉供奉官、侍禁、殿直有謀略武勇知邊事者二人，當議優加進用。（頁一四六三）

自此以後，每擧三班使臣充邊任，必以殿直以上爲之，成爲不貳之法。

《長編》卷八八、眞宗大中祥符九年（一〇一六年）十月壬午條：

詔户部尚書馮拯等五十人各擧殿直以上有武幹者一人，俄又詔須兩任巡檢，監押各二年半者乃得施行。（頁三〇二三）

按差遣與官階關係，能歷巡檢、監押兩任者，其官階大概在殿直和侍禁官階之間。殿直以下之官階，是很難得到提拔擢升的。三班奉職往往被視爲職卑，於邊事上難以彈壓。

《長編》卷一〇三、仁宗天聖三年（一〇二五年）八月條：

河北沿邊安撫司言：近以奉職張可久充廣順軍兵馬監押。竊緣本軍最處窮邊，屯兵不少，可久所自舉人得班行，不惟未諳邊事，兼恐職卑，難爲彈壓管勾。欲望於殿直以上，別選曾歷邊任監押者充。詔可。（頁二三八八）

三班官階中，供奉官、侍禁與殿直所以不入卑賤，與宋初發展出來之高官蔭補制度很有關係。宋初之官制無論是如何改變，始終要顧及中央高級官員之既得利益。尤其當官階脫離實職而完全寄祿之際，對高級官僚子弟之大規模蔭補可說是高官失去實權之彌補、撫慰之方法。宋代第一次大型而全面之蔭補方案，誠然要算是眞宗大中祥符八年（一〇一五年）頒佈之聖節、郊祀恩蔭之法㊅，其間蔭補之主要對象爲子，旁及弟、姪、孫等親屬，自正一品之宰臣兼樞密、節度使帶平章事至從一品之樞密使、副、參政、宣徽、節度使皆可任子東頭供奉官至西頭供奉官。自正二品之左右僕射、御史大夫至從二品之資政殿學士、六部尚書皆可任子左侍禁。自正三品之三司使、翰林學士、侍講侍讀至從三品之尚書侍郎、節度使留後、觀察使可蔭子在侍禁。至於正四品之給事中、諫議大夫、中書舍人至從四品之三司副使、防禦使以下閤門使、樞密都承旨亦至少可蔭子右班殿直。換言之，自正從一品至從四品以內之中央高官，其子弟均包括在東頭供奉官至右班殿直之官階內。這種蔭補之趨勢，顯示了在彌補高官失去實職之過程中，子弟之官階自供奉官、侍禁、殿直仍具有相當之可觀性，代表著高官子弟之入官身份。故此，容易避免與三班奉職、三班借職同走向卑賤之路。由此亦可知，高官子弟同屬三班，然而其升遷之途甚速，非借職、奉職可比擬，所謂「三班」已失去其整體意義，形成二種截然不同之道路。其蔭補情況如表二十四所示。

就是到了慶曆三年（一〇四三年），重新修改之武臣恩蔭條例[67]，對於一品至四品之高級官員的蔭子方法，整體上並沒有任何特別之變動。其間蔭補之子弟依然保有東頭供奉官至右班殿直之官階。有的只是特別針對期親外，餘親之濫蔭情況而言[68]。以後在皇祐四年（一〇五二年）[69]，嘉祐元年（一〇五六年）[70]改動之蔭補新法，亦旨在裁減奏補血緣疏者及乾元節恩蔭之例上。對於四品以上官員之蔭子利益，亦從未忽略。如表二十五所例。

若追溯真宗以還對高官子弟蔭補之精神，不難發覺在太祖、太宗時，對四、五品以上官員之優禮。

《長編》卷十八、太宗太平興國二年（九七七年）三月條即謂：

太祖受禪，文武五品以上，皆得蔭子弟。

至太宗至道年間又在此種已有之蔭補基礎上加以擴充，保留了對原來四、五品以上官員之優惠。

《長編》卷四十、太宗至道二年（九九六年）九月甲午條載：

詔壽寧節，賜翰林學士、兩省五品、尚書省四品以上一子出身。先是，近臣因誕節，或以疏屬

表二十四　《長編》卷八四、真宗大中祥符八年正月聖節、南郊恩蔭簡表

(P.1911)

中央官員	官品	受蔭對象、官階			
		子	品位	弟、姪、孫	品位
宰臣、樞密，節度使（帶平章事）	正從一品官	東頭供奉官	從八品	左侍禁	正九品
樞密使、參知政事、樞密副使 宣徽使、節度使		西頭供奉官	從八品	右侍禁	正九品
左右僕射、御史大夫 文明、資政殿學士 六部尙書	正從二品官	左侍禁	正九品	左班殿直	正九品
三司使、翰林學士、侍讀侍講 龍圖、樞密直學士、上將軍、太常、宗正卿 御史中丞、尙書侍郎、留後、觀察使	正從三品官	右侍禁	正九品	右班殿直	正九品
給事中、諫議大夫 中書舍人、知制誥、待制 三司副使、防禦以下閤門使、樞密都承旨	正從四品官	右班殿直	正九品	三班奉職	從九品
大卿監、少卿監（帶職）、刺史	從五品	三班奉職	從九品	三班借職	從九品
諸衛大將軍、少卿監 六部郎中、員外郎（帶職） 內諸司使	正從六品官	三班奉職	從九品	三班借職	從九品
諸衛將軍、諸司副使	從七品	三班借職	從九品		

表二十五　《長編》卷一四五、仁宗慶曆三年十一月思蔭簡表（一至四品官）

中央官員	官品	受蔭對象、官階					
		子	品位	期親	品位	餘親	品位
使相	正一品	東頭供奉官	從八品	左侍禁	正九品	左班殿直	正九品
樞密使、樞密副使 節度使、宣徽使	從一品	西頭供奉官	從八品	右侍禁	正九品	右班殿直	正九品
統軍、上將軍、節度、觀察留後 觀察使、內客省使	正從四品	右侍禁	正九品	右班殿直	從九品	三班奉職	從九品
客省使、引進使、防禦使 團練使、四方館使 樞密都承旨、閤門使	正從四品	右班殿直	正九品	三班奉職	從九品	三班借職	從九品

> 求蔭補，至是，始爲限制，非其子孫及親兄弟，多寢而不報。

對於國初這種恩澤之方式，司馬光指出主要源於太祖即位之初，承五代姑息藩鎮之弊，故此官員每每進奉賀登極時，即一例推恩親屬所致(71)。李燾《長編》卷一八二，亦表達了頗爲婉轉之意見謂：「蓋國初天下新定，人未樂仕，至有敦遣富人，使爲官者，故于兄弟叔姪之制，未遑議也。」(72)。其實二者共同指出了宋代之蔭補制度淵源自太祖太宗期間，對官員之安撫方法。高級官員之利益由始至終皆未見忽略，此所以在蔭補之官階範圍內，即自東頭供奉官至右班殿直，呈現出與三班奉職、三班借職等賤職之不同處。反過來若研究奉職與借職之設立與發展，必然理解其間相異之命運。

至於三班奉職、三班借職之設立，主要是作爲羈縻之用。三班奉職所代替之官階對象，爲殿前承旨。太宗時期對殿前承旨，似乎較諸供奉官、殿直遠不重視。遇有過犯，即遭棄市(73)。相反地，供奉官與殿直則較重用，往往能受旨差遣，與其他中央命官共同執行任務。《宋太宗實錄》卷二十六、太宗太平興國八年（九八三年）九月：

> 令殿中侍御史柴成務，國子監承趙孚，供奉官萬彥恭、殿直郭載分往河南北岸按行遙堤，有不完處發丁男治之。（頁八）

殿前承旨（即承旨）所以較供奉官、殿直等不被重用，極可能與殿前承旨職不斷吸納地方牙校，因而在人數上大大增加有關。事實上，殿前承旨「羈縻賤職」觀念之首次出現，即記載於蔭補地方牙校之事件上(74)。再從奉職、借職之官階確立後與差遣之關係看，邊區豪酋及其子弟出任地方鎮將(75)或巡檢⑯，多補奉職、借職等官，其羈縻之精神，是十分明顯。若細加觀察宋初以還流外官出官之法，當明白三班中之奉職、借職實在是一批地位低微之吏員唯一上進之孔道，只有很少數之個別部門吏員能出職於三班中較上級之位置。在《宋史》卷一六九、職官九、流外出官法條下所列舉之三十七個中央所屬部門下，就只有三司、開封府、殿前司、馬步軍司、閤門、太常禮院、軍頭引見司、御書院之至高級吏員能出職高於三班奉職外，一般來說，在孔目官，勾押官、開拆官和行首以下之吏員，只能以三班奉職與借職爲出職對象。其流外出官法之詳細情況，如表二十六所示。

由此觀之，作爲吸納中央與地方較低級之吏員來看，三班借職與三班奉職是包括著賤職羈縻之意義，而這種構想，早在太宗淳化官階改革以前經已萌芽。三班官內部之供奉官、殿直與承旨間之差距越大。復由於前者作爲保障高官子弟入官時之身份象徵，故此多少避免了賤職羈縻之命運。然而，賤職觀念畢竟在三班官內部產生了，要三班官重返舊日親信之道路似乎是不可能。眞宗時期，三班官員給人之整體印象是品流複雜的。《長編》卷八十、大中祥符六年（一〇一三年）五月條即謂：

詔三班員自今引見差遣使臣，內有疾患者，並附腳色開說進呈。先是，選使臣任使，引對日，乃有盲跛者，故降是詔。（頁一八二七）

此外，吸納地方吏員上進者雖主要爲三班借職與奉職，然而作爲三班之部份內部，多少爲時人在不知不覺間將殿直、侍禁、供奉官之其他三班內容完全等同，這種意識，尤其於對衰耄不任事之三班

表二十六　《宋史》卷一六九、職官九、流外出官法（P・4043—4046）

所屬部門	職名	出職年數：三	五	六	七	八	十	十五	三十	出官人數
學士院	錄事	奉職								不限
御史台	充主推		奉職							不限
御史台	書史		借職							不限
非御史台諸處	充主推					借職				不限
非御史台諸處	書史					三班差使				不限
三司	三部都孔目官	西頭供奉官								不限
三司	前行								奉職	2
三司	後行								借職	2
三司	子司勾覆、開折官		左、右殿直							不限
三司	同三部衙都司押衙	奉職								不限
三司	衙佐	借職								不限
三司	通引官行首		奉職							不限
開封府	孔目官		右班殿直							不限
開封府.	左知客押衙			奉職						不限
開封府	通引官左番行首				奉職					不限
開封府	支計官、勾覆官				奉職					不限
開封府	開班官、接押官				奉職					不限
開封府	諸司行首前行				借職					不限
殿前司	孔目官		右侍禁							不限
殿前司	通行官行首	奉職								不限
馬步軍司	孔目官		右班殿直							不限
馬步軍司	通行官行首	借職								不限
入內、內侍二省	前、後行	奉職								不限

表二十六　《宋史》卷一六九、職官九、流外出官法（P・4043—4046）　續

所屬部門	職名	出職年數：三	五	六	七	八	十	十五	三十	出官人數
諸監	都水監勾押官	奉職								不限
群牧司	都勾押官	奉職								不限
客省	行首	奉職								不限
客省	勾押官		奉職							不限
閤門	行首	右侍禁								不限
太常禮院	副禮直官			西頭供奉官						不限
崇文院	孔目官	奉職								不限
軍頭引見司	勾押官		右班殿直							不限
皇城司	勾押官	奉職								不限
內東門司	押司官	借職								不限
管勾往來國信所	勾押官	奉職								不限
翰林司	專知官	奉職								不限
翰林司	大將	借職								不限
內藏庫	專知官	借職								不限
御藥院	押司官	借職								不限
御書院	待詔		左班殿直							不限
御書院	書藝						右班殿直			不限
御書院	御書祗候							借職		不限
進奏院	進奏官							出職		5
進奏院	進奏官（有過犯）							借職		不限
御廚	勾押官	出職								不限

使臣政策上。

《長編》卷五十六、景德元年（一〇〇四年）三月條：

戊子詔：三班使臣年七十以上，視聽未衰者，與家便監臨，其老耄不任事及七十五以上者，借職授支郡上佐，奉職、殿直授節鎮上佐……先是有司言……借職與近便宜補教練使，奉職與長史、司馬、別駕……。（頁一二三一—一二三二）

可見步入太宗，眞宗期間，三班官無論在制度上或精神上，皆失去了五代宋初以還之親信意味。但是，在宋世君主權力之膨脹下，監察之耳目尤不可缺少，爲了解決三班在制度上純粹寄祿而沒有實職之問題，以及三班官因賤職觀念而整體下沈之現象。故此，產生了帝王新興之監察名目，例如走馬承受使臣等出現。

三、三班親信功能之沒落與新興監察機構之出現

三班官親信功能之沒落，是一個頗爲複雜的過程。而標誌著其衰落之跡象，可以說是所與監察機構之出現了。三班官爲了要逐步實踐工作，代之而起的，就是按既有之官階以執行相應低下之常務性差遣工作。然而，隨著帝王專制政權之確立，伸展其監察耳目一項又是不可少，故此，在三班官職能以外，先後興起了皇城司與走馬承受等新型職名，以達至對京城與地方情報之迅速掌握，作出適當之

制置。君主統治之意識形態，比較五代之割據統治時期，其實相差不遠，所不同者，只爲君主身邊之監察耳目漸次由三班官而轉向其他對象。誠如日本史家佐伯富指出，越到近世時期，君主權力越高漲，再沒有像中世之貴族與之抗衡，故此極欲建立多元化之監察耳目，作爲其權力可直接控制地方基層之表徵，而有皇城司與走馬承受之設立[77]。本文依上述演變繼續探討，以圖指出皇城司之出現，首先壟斷了作爲帝王在京師親信耳目之功能。三班官可供發揮其監察職能之餘地，便局限於較遠程之地方耳目。而走馬承受之設置，意味著舊日三班官親近之職責被完全取代。其間取替之過程頗爲微妙。在皇城司與走馬承受等新興職能成立下，極可能顯示了內廷之宦官勢力，正成功地超躍了三班官作爲使臣之位置，成爲帝王頭號之親信。今先從走馬承受方面說起。

對於走馬承受產生之方式，可從兩方面加以理解。其一，乃是從現象出發作直接解釋，亦即指出走馬承受出現之時間，其肩負之職責內容，以及對該時代之意義等等。有關這一方面，佐伯富在其《宋代走馬承受之研究》一文中表達了深入之意見。中國學者閻沁恆著《宋代走馬承受公事考》，但大抵不離佐氏之立論[78]。然而，單從現象出發加以解釋，似乎還未能解釋部份問題：何以走馬承受產生於太宗後期之至道年間，而不是在太祖與太宗初期？在差遣之形式與對象上，又何以多用三班官而不出於他官？而走馬承受所產生之功能究竟是一種創新性，還是承繼著前代之精神？上述諸問題，可能顯示了歷史現象產生之背後，潛伏著連串之因果關係。故此，若能從另一方面，即歷史之淵源與發展以理解走馬承受之出現，或許收獲更豐。基於上述出發點，本文欲多從走馬承受出現以前，三班使臣之淵源說起。嘗試表明三班使臣之沒落，是走馬承受產生之重要背景。走馬承受之職責，也就以三班使臣作爲主要藍本。今論述如下。

走馬承受職名之來源，固然是太宗至道以後之產物。然而所謂「走馬」與「承受」，皆可追溯更早之時間。

《宋史》卷一五四、輿服志符劵條：

唐有銀牌，發驛遣使，則門下省給之，其制闊一寸半，長五寸，面刻隸字曰：敕走馬銀牌，凡五字。

可知所謂走馬，與遣使之性質甚爲密切，多少代表了消息迅速之傳遷。故此，胡三省亦謂：「走馬，馬之善走者也」⑲。唐末以還，由於任使之對象往往集中在三班使臣身上，因此記載三班使臣走馬之情況，特別豐富。

《舊五代史》卷五、後梁開平三年（九〇九年）九月庚子條：

殿直王唐福自襄城走馬，以天軍勝捷逆將李洪歸降事上聞。賜唐福絹銀有加。

又《冊府元龜》卷四三五、將帥部、獻捷二：

（後梁開平三年）七月，殿直聶榮受自軍前走馬，奏收復丹州，生擒賊將王行思，致於行在。

至於其他走馬記載，有時或見於軍官之差派上⑳。總而言之，所謂走馬，雖然未成一種官職，但是實包括了快使奏報之意，在三班使臣之職責中具體表明出來。太宗至道三年（九九七年），一般皆認為是走馬承受職能眞正確立之時期。

《宋會要、職官》四十一即謂：

（至道）三年二月，詔知滄州、西上閤門使何承矩，覺察諸路走馬承受並體量公事朝臣使臣踰違公事。

然而，按《長編》同時期對走馬承受之記載，則自始至終，只稱為「走馬」，極可能反映是走馬承受之最原始之稱呼。

《長編》太宗至道三年四月條謂：

（李）應機至州，未幾，有走馬入奏事，前一日，知州置酒餞之，應機故稱疾不會，走馬心已不平。及暮，應機使人謂走馬曰：應機有密疏，欲附走馬入奏，明日未可行也。走馬不知其受上旨，愈怒……走馬雖怒甚，意欲積其驕橫之狀具奏於上，乃詣應機解舍……升殿，上迎問曰：李應機無恙乎，有疏來否？走馬愕然失據……因問應機在蜀治行如何，走馬踧踖，轉辭更稱譽之……。（頁八六五）

上述資料除了顯示了李應機與走馬承受之鬥智力外，對走馬承受單作「走馬」是頗堪注意的。按歷史之發展步驟，五代宋初代表著快速任使之「走馬」，到了太宗至道年間，便成為實際官職，而職名則一路沿用與擴充。由「走馬」而「走馬承受」，到了眞宗時期，更擴展其名為「走馬承受公事」或「走馬承受使臣」⑧。配合上述規律，以三班走馬任使，既然至為常見，則「走馬」成為一種職能以後，亦順理成章以其出任。由此觀之，三班官職能，爲走馬承受職能之前身，是相當合理的。然而，這裡尙存在一個問題，何以「走馬」會演變成「走馬承受」？這相信是隨著太宗後期路制之發展而賦與之特別職名。太宗對地方之監察，其原意本爲以供奉官來承受公事而已，有必要時才向上報告。《宋會要、職官》四一即記載，太宗至道元年（九九五年）九月，派供奉官宋元度等五人，分往鎭、定、并等州及高陽關，「承受公事，當言上者，馳傳以聞」㉜。那時承受公事只爲供奉官之臨時性差遣，「走馬」與「承受」還未嚴謹地結合。「走馬承受」全職之眞正產生時間，當在太宗至道三年（九九七年），其時正是全國路制逐步確立之時期。《長編》卷四三、太宗至道三年十二月條曾總結謂：

> 國初罷節鎭統支郡，以轉運使領諸路事，其分合未有定制。京西分兩路；河北既分南路，又分東、西路；荆湖兩路，或通置一使；兩浙或爲東北路，其西南路兼福建；劍南初曰西川，後分峽路，西川又分東、西路，尋並之。是歲，始定爲十五路：一曰京東路、二曰京西路、三曰河北路、四曰河東路、五曰陝西路……十五曰廣南西路。（頁九〇一）

太宗至道元年（九九五年）臨時委派三班官到地方承受公事，本來就是負有走馬奏報之形態，頗接近後來走馬承受之職責。隨著地方路制之設立，遂因利成便，於河北、河東、陝西、川峽設立同類職官，後來更擴展至京西、京東、東南及西南地區。爲了更有效監察諸路，循名責實，遂給予各地方承受公事之使臣專職化之稱呼，命爲走馬承受，以後或稱爲走馬承受公事等等。由此觀之，其產生之背景確有相當之淵源。走馬承受之出現，只代表了太宗對地方監察之其中一種工具。在未有走馬承受以前，三班使臣本爲帝王之親信工具。太宗即位之初，已經常分命於諸道廉訪官吏之善惡以奏報於上，備受密旨㊸。最後，三班官由承受公事之任命而轉變爲路制中走馬承受實職。而走馬承受出現以後，三班官舊日親信之地立使任然被取代了。

此種此消彼長之情況，按太宗淳化年間三班官制之改革趨勢來看，是不能避免的。三班官階既爲完全寄祿，代之而來的，是與官階互相掛勾之連串差類目，諸如監當、巡檢、監押等職務，這些工作在形式上雖然與舊日三班官擔任的差不多，但是卻完全脫離了以往親信性之任務。它們只屬於低級官階之工作而已。爲了補充經已失去之監察耳目的功能，不得不在既定之差遣範圍以外，加進新興之走馬承受之官職，顯然是架床疊屋。多少解釋了由淳化而至道年間，即陸續出現了走馬承受之職能。

事實上，多方顯示了當走馬承受還未出現以前，三班官作爲帝王親信之職能，已普遍被其他監察名目所均沾。若要進一步顯明三班官之親信意味，往往須要帶上「閤門祗候」或「帶御器械」之官銜㊹。三班官以外之監察耳目當中，以太宗太平興國六年（九八一年）所設立之皇城司至具代表。關於皇城司設置之原因，《長編》太宗太平興國六年（九八一年）十一月甲辰條之記載，頗見微妙：

改武德司爲皇城司。上嘗遣武德卒潛察遠方事，有至汀州者，知州王嗣宗執而杖之，縛送闕下，因奏曰：陛下不委任天下賢俊，而猥信此輩爲耳目，竊爲陛下不取。上大怒，遣使械嗣宗下吏，削秩……。（頁五〇四）

可知皇城司之前身爲武德司。武德司爲太祖時期監察軍隊之類的機構，規模並不大。到了太宗即位以後，武德司之功能即迅速擴散，由京師而達至地方，雖改頭換面爲皇城司，然而畢竟爲帝王耳目，地方官員偶有干涉，亦遭貶責。這種帝王親信之表現，從仁宗時期大臣對前朝之憶述可略知一二。《長編》卷一六二、仁宗慶歷八年（一〇四八年）正月：

是月，臣僚上言：皇城司在內中最爲繁劇，祖宗任爲耳目之司，勾當官四員，多差親信有心力人……。（頁三九一三）

不但如此，皇城司更由原來監察軍隊之職能而逐漸轉向爲帝王監察官員之工具。《長編》卷十八，早在太宗太平興國二年（九七七年）六月，即有如此記載：

自江南平，歲漕米數百萬石給京師，增廣倉舍，命常參官掌其出納，內侍副之。上猶恐吏槩量不平，遣皇城卒變服覘邏，於是廉得永豐倉持量者張遇等凡八輩受賕爲姦，庚辰，悉斬之……。（頁四〇八）

皇城司可謂極盡探事之能事。眞宗初年大臣田錫即謂：「自來皇城司差人探事……探事人如此察探京城民間事，事無巨細，皆達聖聽。」[85]。

然而從皇城司日常工作之範圍與職能顯示，其監察之對象，主要爲京師之吏治與民事。據佐伯富之意見認爲，走馬承受之職能，正好成爲帝王在京城以外之監察耳目，而皇城司則專責在京城以內事，成爲兩個遠近皆達諸聖聽之監察機構[86]。皇城司成立於太宗太平興國年間；走馬承受職能則設於太宗至道年間，二者之出現是徹底取代了舊日三班使臣之監察地位。而三班官制之改革，正好處於太平興國與至道年間的淳化時期，說明了三班使臣職能之衰落，其間實經過連綿之過渡階段。太平興國年間皇城司之出現，三班職能固然受削弱，但是根本地改動了三班原有之親信監察意味，始終要到了至道年間走馬承受之設置才告完成。

新興監察機構之日漸出現，不但顯示了三班監察功能之衰微，更顯示了內延宦官之親信地位，得到進一步之提昇。柴德賡在其《宋宦官參與軍事考》一文中，已經指出早在太祖、太宗朝，帝王實多方任命宦官從事領兵大璫，其勢力是不容忽略的[87]。若從宦官入職監察機關考察之，當發現宦官擔當之監察工作，實佔了主導性之地位。以皇城司爲例，宦官地位明顯。《宋會要、職官》卷三四、關於皇城司職責，有如下記載：

> 提舉官一員、提點官二員、幹辦官五員，以諸司使副、內侍都知押班充。

其間武臣與宦官之分配數目雖未說明，但顯然宦官於皇城司中之數字，爲人所特別注意。《長編》卷三三四、元豐六年（一〇八三年）四月壬戌條，即載：

> 上批，勾當皇城司數多，可除兩省都知押班外，取年深者減罷，止留十員，自今毋得員外增置。

所謂兩省，指以宦官主理的內侍省及入內內侍省，而兩省中還強烈保留了過往類似三班官制之都知、押班等職級[88]，遺留著親從的意味。其活動之積極性尤見於三班官員衰微以後。究皇城司中宦官佔優之趨勢，多少與掌握皇城司中之親兵有關。

《文獻通考》卷五八、職官考、幹辦皇城司條謂：

皇城司親從官數千人，乃命武臣二員，同兩都知主之，而殿前復不預。此祖宗處軍政深意也。

親從官即親從兵，有時亦稱爲皇城卒、或親事卒⑧⑨。這裡所指領親從卒，意思頗含糊，武臣與宦官似同等主之。若據《群書考索》別集、卷二一、皇城以武臣宦官之條所載，則宦官掌親從兵權，似佔主導地位：

皇城司有親兵數千人，今八廂貌士之屬是也。以武臣二員并內侍都知二員管之。宋朝只此一項，令宦官掌兵，而以武臣參之，此又以制殿前都指揮之兵也。

從上述兩處資料顯示，皇城司所掌之親從兵，由五代至宋初，本來是屬於殿前司所管轄。本文之前半部份，已經指出構成殿前親軍之骨幹者，原本就是供奉在帝王殿前之親從官，夾雜著類似殿直、供奉官等官員在內，成爲一支親從之軍隊。故此「親從官」與「親從兵」之概念，可以互相套用。無論殿前司下之殿前親軍如何地發展擴大，圍繞著帝王四周，始終還是保持著相當之親從官數目。舊日負責主理殿前之親從官事宜的長官，如供奉官都知、殿直都知或都承旨之類的官職，因殿前親軍編制之專職化，已脫離了親從長官之角色。取而代之的，是依然掛著押班、都知官銜之宦官來執掌親從官。五代以來，宦官任命之職責與三班官頗爲相似，然而始終未及三班官親從⑨⓪。隨著三班制度之外廷化，宦官親從之地位，似漸從第二階梯而晉昇爲第一階梯。若按這種趨勢發展下去，情況或許類似五代，形成另一系列之軍事制度。然而帝王卻另置皇城司管轄，使軍政分家，即所謂「祖宗處軍政深意」。以後我們看皇城司親從官之性格，亦多集中於釐行政事方面了。此亦用宦官爲親從而防宦官至得宜之策。其用宦官之例甚多⑼。

除皇城司以外，若觀察至道期間成立走馬承受官職，也不難覺察擔任此職者，除三班官以外，宦官亦逐漸得一席位。

王禹偁《小畜集》二十二、賀勝捷表謂：

夏州路馬步軍都部署王超，延州路馬步軍都步署范廷召等，各差入內殿頭高品岑保正，入內高品賈繼隆等走馬賫狀到闕，奏兩路大軍入賊界，到秋入池會合，前後二十六度掩殺蕃賊。

其時爲太宗至道二年（九九六年），已有宦官爲走馬承受。據柴德賡認爲，可能早在太祖之世，已有宦官任走馬侍臣，與三班使臣競相報捷爭賞。其舉《宋史》卷二五七《李繼隆傳》爲例：

會征江南，太祖謂曰：升州平，可持捷書來，爲厚賞汝。時內侍使軍中者十數輩，皆伺城陷獻捷，會有機事當入奏，皆不愿行，而繼隆獨請赴闕。

對於太祖極初已有宦官出任走馬承受之事實，雖然是言之尙早，但是其與三班使臣爭相領功卻顯然而見。其後，以宦官出任走馬承受之數目，應不比三班武官爲低。

《職官分紀》卷三五即載：

走馬承受公事，國朝河北、河東、陝西、川峽皆有之，以三班或內侍二人或三人充。

至於同爲走馬承受，以宦官身份出任者，其權力似反而比三班官出任者爲高。這可以從較後的仁宗期間，走馬承受廖浩然逐走同承受馮靖一事看出。

《長編》卷一七四、皇祐五年（一〇五三年）正月戎條：

……走馬承受廖浩然……宦者，怙勢嘗誣奏（李）昭亮（前爲判幷州），昭亮所以徙，浩然力也……侍禁馮靖同承受，浩然忌其廉結，無名奏納，亦移靖他路……。

親信地位之轉移，造成宦官地位在三班官之上，這種情況，其實早在三班官制改革以前，已頗爲顯露。

《長編》卷二十五、太宗雍熙元年（九八四年）三月：

先是，塞房村缺河……既塞而復決……供奉官劉吉自贊請行……內侍石金振者，領護河堤，性苛急，號爲石爆裂，數侵侮吉，吉默不校。一日，吉與乘小船至中流，語之曰：君持貴近，見凌已甚，我不畏死，當與君同見河伯耳。將蕩舟覆之，金振號哭，搏頰求哀，吉乃止，自是不取侵侮吉矣……。

三班劉吉覆舟之法，自是抵禦宦官侵凌的消極之途。究三班官與宦官眞正矛盾所在，爲二者作爲帝王監察耳目之任務頗爲相近。其間在角逐親信地位之事上，必然產生相互競爭而互相消長之現實。尤其當三班官逐步實現武階寄祿之過程，作爲帝王親信之意味便越來越薄弱，其外廷化之發展，使得宦官作爲內廷之親信具長足之發展。故此，近世君主所興起之新型監察機關，例如皇城司與走馬承受公事，主要就是逐步取代舊日三班官之親信功能，將監察權力重新分配，宦官從中便獲得較大之比重了。

【註釋】

①周藤吉之《宋代經濟史研究》第十章：《五代節度使，支配體制》頁五七五－六五四，指出藩鎮時期之元從系統與統一後中央系統之關係，如中門使、孔目官，分別成爲樞密使與三司使。

②太祖初期，採取了最原始之官位留位之辦法，以統一地方政權。例如《長編》卷四、乾德元年四月平荊南時，「荊南、潭、朗州……管內文武官吏并依舊，仍加恩，立功者優其秩。」卷十二、開寶四年二月平南漢，「署官并仍舊」。但這種方式只爲權宜之計，宋初遂漸產生了統一之官階。以上層之文武官制完成得較早。武官之下層，要到了太宗淳化年間三班官階之徹底改革後始告完成。

③《宋史》職官六、卷一六六、東、西上閤門條謂東西上閤門使副、宣贊舍人以下，有閤門祇候。閤門之職，祖宗所重，多以處外戚勳貴（頁三九三六－三九三七）。又《長編》卷九十、天禧元年九月謂太祖、太宗朝，閤門祇候不過三、五員，至天禧踰數百（頁二〇七八）。是則權門之家，比援恩例，而授此職者漸多。（《長編》卷一〇六、天聖六年正月庚辰條、頁二四六二－二四六三）

④例如眞宗以後，每年充任契丹之賀使。依例，每逢契丹國主、國母生辰，或遇正旦，必各以文武官任使。武官中又以三班使臣充任爲多。諸如契丹國主正旦副使，生辰副使，以三班出任副使記載，不可勝記

。與其他國內差遣性質不同，只屬例行之公事，茲未收錄。有些職責，只為臨時性而趨於細碎的，例如按視修城、擴京土木、乘傳疏理繫囚等類，亦不收入。

⑤《長編》卷一一〇、仁宗天聖九年七月甲戌條：「權度支判官、右正言陳執中罷度支判官，諫院官職。」其下即謂：「國朝承五代之弊，官失其守，故官、職、差遣，離而為三。今之官，裁用以定俸入爾，而不親職事。諫議大夫、司諫、正言，皆須別降敕，許赴諫院供職者，乃曰諫官。」（頁二五六四）

⑥《長編》卷四五、眞宗咸平二年八月戊寅條及丁亥條、頁九六二。

⑦《長編》卷一〇四、仁宗天聖四年六月庚子條、頁二四一二。

⑧《長編》卷一〇六、仁宗天聖六年七月甲寅條、頁二四七七。

⑨《長編》卷一〇六、仁宗天聖六年四月丁丑條、頁二四七〇。

⑩《長編》卷九五、眞宗天禧四年二月、頁二一八二。⑪《長編》卷一一六、仁宗景祐二年五月丁未條、頁二七三五。

⑫《長編》卷七三、眞宗大中祥符三年三月、頁一六七六。

⑬《長編》卷一三三、仁宗慶曆元年八月乙未條、頁三一六八。

⑭《長編》卷八八、眞宗大中祥符九年九月、頁二〇一八。⑮《長編》卷一八一、仁宗至和二年十二月己亥條、頁四三八五。

⑯《長編》卷九三、眞宗天禧三年六月癸卯條、頁二一五三。

⑰《長編》卷一二五、仁宗寶元二年十二月乙丑條、頁二九四五。

⑱《長編》卷一四九、仁宗慶曆四年五月壬午條、頁三六一三。

⑲《長編》卷一二八、仁宗康定元年八月庚戌條、頁三〇三五—三〇三六。

⑳《長編》卷一二九、仁宗康定元年十一月、頁三〇五六—三〇五七。

㉑《長編》卷一〇三、仁宗天聖二年二月丙寅條、頁二三五〇。

㉒《長編》卷一七二、仁宗皇祐四年五月癸酉條、頁四一四七。

㉓《長編》卷一二七、仁宗康定元年四月戊申條、頁三〇〇七—三〇〇八。

㉔《長編》卷一〇五、仁宗天聖五年五月壬寅條、頁二四四〇。

㉕《長編》卷一〇〇、仁宗天聖元年七月己巳條、頁二三二五，即載以蒙正爲縣之駐泊都監，其時只爲右侍禁帶閤門祗候。實較州、軍等都監之官階爲低。

㉖《長編》卷八三、眞宗大中祥符七年七月丁亥條、頁一八八七。

㉗《長編》卷一七二、仁宗皇祐四年五月癸丑條、頁四一四七。

㉘《長編》卷一二六、仁宗康定元年二月、頁二九七七。

㉙《長編》卷五二、眞宗咸平五年八月、頁一一四七。

㉚《長編》卷三七、太宗至道元年三月、頁八一〇，即載陳廉以右班殿直爲冀州監押。又《長編》卷六五、眞宗景德四年六月、頁一四六三，亦載張希正以殿直以下官階任賓州監押。至於《長編》卷一八四、

仁宗皇祐元年十一月己卯條、頁四四五一，則載張忠以右班殿直帶職出任單州監押。以殿直爲監押，可能反映了其出身並非依正途，而所轄之州屬偏遠矣。

㉛《長編》卷一三一、仁宗慶曆元年二月丁酉條、頁三一〇二。

㉜《長編》卷一九四、仁宗嘉祐六年七月癸卯條、頁四六九七—四六九八。

㉝《長編》卷一一八、仁宗景祐三年六月、頁二七九〇。

㉞《長編》卷一一五、仁宗景祐元年十月丙戌條、頁二七〇五—二七〇六。

㉟《長編》卷一二六、仁宗康定元年二月、頁二九七七。

㊱《長編》卷一三一、仁宗慶曆元年二月丁酉條、頁三一〇二。

㊲《長編》卷一一一、仁宗明道元年七月庚寅條、頁二五八五。

㊳《長編》卷一八五、仁宗嘉祐二年二月、頁四四七〇，即載馬寧以三班借職出任臨寨堡監押。

㊴《長編》卷四六、眞宗咸平三年正月甲午條、頁九八九。

㊵《長編》卷六六、眞宗景德四年九月乙丑條、頁一四九一。

㊶《長編》卷五九、眞宗景德二年三月、頁一三二八。

㊷《長編》卷九五、眞宗天禧四年六月、頁二一九六，即謂：「自今內地駐泊捉賊使臣，請以合任遠地監押、巡檢殿直以下替戎事充……代還日復任遠地。」可知遠地巡檢，多以殿直較低官員充任。

㊸《長編》卷六四、眞宗景德三年九月庚子條、頁一四二四。

㊹《長編》卷一一二、仁宗明道二年七月、頁二六二一。
㊺《長編》卷一四七、仁宗慶曆四年三月戊寅條、頁三五六五。
㊻《長編》卷一二三、仁宗寶元二年二月癸酉條、頁二八九六。
㊼《長編》卷一五四、仁宗慶曆五年二月、頁三七四八。
㊽《長編》卷一二七、仁宗康定元年四月戊申條、頁三〇〇七—三〇〇八。
㊾《長編》卷一三八、仁宗慶曆二年十月癸丑條、頁三三一四。
㊿《長編》卷九五、眞宗天禧四年五月丙辰條、頁二一九二。
51《長編》卷一二八、仁宗康定元年七月、頁三〇二九。
52《長編》卷九八、眞宗乾興元年三月、頁二二七八。
53《長編》卷九一、眞宗天禧二年四月戊午條、頁二一一三。
54《長編》卷一〇一、仁宗天聖元年十一月、頁二三四三。
55《長編》卷一五七、仁宗慶曆五年十月丁未條、頁三八〇九，即載以三班奉職安忠信、李文吉任淮南監當。
56《長編》卷六九、眞宗大中祥符元年六月、頁一五四七，即載供奉官帶閤門祗侯黎守忠掌榷貨場。
57《長編》卷二〇三、英宗治平元年十一月丙午條，即謂：「我朝因循前弊尙多，久未更革，奈何又增此員（監軍）。如走馬承受，官品至卑，一路已不勝其害……其實已均安撫使之權矣」。頁四九二五。

(58) 《長編》卷八二、眞宗大中祥符七年六月、頁一八七九。

(59) 《長編》卷一七五、仁宗皇祐五年七月庚辰條、頁四二二四。

(60) 《長編》卷八〇、眞宗大中祥符六年四月庚午條、頁一八二二。

(61) 《長編》卷五四、眞宗咸平六年五月、頁一一九三。

(62) 《長編》卷十八、太宗太平興國二年三月、頁四〇一，即載：「初，節度使得補子弟爲軍中牙校，因父兄財力，率豪橫奢縱，民間苦之。洛下有十衙內，尤放恣，左驍衛上將軍太原田景咸子漢明，其一也。上雅知其弊，始即位，即詔諸州府籍其名部送闕下，至者凡百人。癸未，悉補殿前承旨，以賤職羈縻之。」

(63) 《長編》卷四二、太宗至道三年十二月、頁九〇〇。

(64) 同書頁。

(65) 《夢溪筆談》卷二十三、譏謔、頁二三〇，載科場落第者，授三班借職，石曼卿譏而賦詩。

(66) 詳見《長編》卷八四、眞宗大中祥符八年正月、頁一九一一：「己丑，樞密院言準詔定承天節、南郊奏蔭子弟恩例，宰臣、樞密、節度使帶平章事，子授東頭供奉官，弟姪孫左侍禁。樞密使、參知政事、樞密副使、宣徽、節度使，子授西頭供奉官，弟姪孫右侍禁。左右僕射、太子三少、御史大夫、文明殿學士、資政殿大學士、諸行尚書，子授左侍禁，弟姪孫左班殿直。三司使、翰林、資政殿、翰林侍讀、侍講、龍圖閣樞密直學士、左右常侍、上將軍、統軍、太常、宗正卿、御史中丞、左右丞諸行、侍郎、兩使留後、觀察使、內侍省使，子授右侍禁、弟姪孫右班殿直。給事、諫議、中書舍人、知制誥、龍圖閣直學士、待制、三司副使、防禦、團練、客省、引進、四方館、閤門使、樞密都承旨，子授右班殿直，弟姪孫三班奉職……。」以上為文武臣一至四品內之蔭補情況。

(67)《長編》卷一四五、仁宗慶曆三年十一月丁亥條，頁三五〇四—三五〇五：「其武臣：使相，子為東頭供奉官，期親左侍禁，今子及期親如舊，餘屬自左班殿直第官之。樞密使副、宣徽、節度史節度使，子為西頭供奉官，期親右侍禁，今子孫及期親、尊屬如舊，餘屬自右班殿直以下第官之。統軍上將軍、節度觀察留後、觀察使、內客省使、子為右侍禁，期親右班殿直，今子孫及期親、尊屬如舊，餘屬先三班奉職以下第官之。客省使、引進使、防禦使、團練使、四方館使、樞密都承旨、閤門使，子為右班殿直，期親三班奉職，今子孫及期親如舊，餘屬三班借職以下第官之……。」以上大致為武臣正從一品至從四品之蔭補情況。

(68)按眞宗大中祥符八年正月推恩之法，所指期親，大抵為子以外之弟、姪、孫，至仁宗時期，每逢郊祀、聖節，又在期親以外增添餘親之蔭補。所指為弟、姪、孫以外較疏血緣之姻戚。若比較上述慶曆三年推恩之法，當知二者在蔭子及期親方面沒有差別，其實是增設了餘親之恩蔭類目而已。

(69)《長編》卷一七三、仁宗皇祐四年九月甲辰條，頁四一七〇：「今後文武臣僚每遇乾元節合奏得親屬者，除期親依舊外，大功親候遇郊禋許奏一名，小功已下再遇郊禋許奏一名。其每遇郊禋合奏得親屬者，除子孫依舊外，其餘期親候再遇郊禋許奏一名，其大功已下三遇郊禋許奏一名。」顯然蔭補之法，重點已放於郊禋。蓋郊禋可補蔭子孫，聖節只能蔭及期親。至於期親以外之餘親，即所謂大功親及小功親，是蔭補中主要欲限制之對象。通過每年郊禋之恩蔭次序，由子孫而期親，再由期親而餘親，至少延遲了餘親二至三年蔭補之機會。

⑦⓪《長編》卷一八二、仁宗嘉祐元年四月、頁四四〇一—四四〇二：「見任二府、使相，宣徽、節度使、御使知雜悉罷乾元節恩蔭……其武臣閤門使以上，至節度觀察留後、統軍上將軍、樞密都承旨及管軍節度觀察留後……遇郊蔭大功親，再遇郊蔭小功親。諸位大將軍、諸司使、樞密副都承旨、諸房副都承旨已上，再遇郊乃聽蔭子若孫及期親……自是每歲減入流者無慮三百員。」可知乾元節之罷，旨在裁減蔭補入官。至於逐年以郊禋進行蔭補次序，其精神不外依皇祐時期之辦法，也就是子孫而期親、大功親、小功親。對於餘親等較疏血緣關係者，很有延遲入官之作用。

⑦①司馬光《溫國文正司馬公集》（台北、台灣商務印書館，一九六七年版）卷二六、論進賀表恩澤劄子條：「竊見諸路轉運使、提點刑獄、知州軍等、各遣親屬，進奉賀登極表，至京師，朝廷不問官職高下，親屬遠近，一例推恩，乃至班行……此蓋國初承五代姑息藩鎮之弊，故有此例……。」

⑦②《長編》卷一八二、仁宗嘉祐元年四月，頁四四〇四—四四〇五，新頒蔭補詔令條下，李燾註所云。

⑦③《宋太宗實錄》（殘本二十卷）（上海古籍出版社）卷三三、太宗雍熙二年四月己丑條、頁二：「月掩心後星，殿前承旨王著棄市，坐監護資州兵馬爲姦贓故也。」

⑦④同註⑥②。

⑮《長編》卷六一、眞宗景德二年十月丁酉條、頁一三七二，即載地方族首來懷順本爲唐龍鎮將，及其死，即由其子來閏喜接替其職，官三班奉職。

⑯《長編》卷一三九、仁宗慶曆三年二月甲子條、頁三三五五，即載廷正本爲渭州屬戶格隆族都虞候，後任職本族巡檢，官三班借職。

⑰ 詳見佐伯富著、魏美月譯《走馬承受之研究》、《東方雜誌》復刊第十二卷八期、頁四十八。其間觀點亦同見《宋代之皇城司》、《東方雜誌》復刊第十一卷二期、頁四十。

⑱ 閻沁恆《宋代走馬承受公事考》、《宋史研究集》第十一輯，頁一九五—二二一。其文章乃於一九六四年，於《國立政治大學學報》第九期發表，屬較通論性之文章，未如佐伯富一文之嚴謹、專詳，其文發表於一九四四年、《東方學報》（京都）十四卷二、四期。

⑲《資治通鑑》卷二三、漢紀元鳳元年八月條：「（燕王）且遣孫縱之等。前後十餘輩。多齎金寶走馬。賂遺蓋主、桀、弘羊等。」其胡註謂顏師古之言。

⑳ 所謂「走馬承受公事」乃就職事而言，而「走馬承受使臣」則就擔任承受職事之官員而言。故此二而一，有時一併稱爲「走馬承受公事使臣」。稱承受公事者，如《長編》卷五九、眞宗景德二年正月丁巳條：「詔河北走馬承受公事止存六，餘悉罷之。」稱承受使臣者，如《長編》卷七八、眞宗大中祥符五年六月壬子條：「權知開封府劉綜言：諸路走馬承受使臣到闕，皆直造便坐。」稱爲承受公事使臣，可能是發展較後之事情，如《宋會要》職官四一：「政和元年五月十三日詔：諸路走馬承受公事使臣，每員

許召募手分、貼司各一名。」

㉛《冊府元龜》卷一七八、帝王部、姑息三、後唐明宗天成二年十月、頁二一四二：「青州節度使霍彥威差人走馬進箭一對，稱賀殺逆黨，帝卻賜彥威箭一對。」又同書卷一一八、帝王部、親征三、頁一四一一：「……北面軍前，遣人走馬報前月二十八日殺劉賊軍大敗。」上述所差之人，或為藩鎮或軍官內部自備人員。

㉜《宋會要輯稿》卷一三三九一、職官四一之一二〇、頁三二二六。

㉝詳見《長編》卷十九、太宗太平興國三年五月、頁四三〇。從後來徽宗政和六年，走馬承受公事改為廉訪使來看（《宋會要輯稿》職官四一之一三〇），走馬承受設置之精神或源自以使臣於諸道廉訪。

㉞《群書考索》、《別集》卷十二、「帶御器械」條、頁五七一：「宋初以來，嘗選三班以上武幹親信佩櫜鞬御劍或以內臣為之。初是職止名御帶。咸平元年，改為帶御器械……。」太宗時期，仍多見三班授帶御器械，例如以藩邸舊人張禹珪，以殿直官帶御器械（《宋史》卷二六一、張鐸附張禹珪傳、頁九〇四八）。到了眞宗時期，用三班官帶御器械者鮮矣，多以三班以上為之。例如以藩邸親信供備庫副使張旻等人為之（《長編》卷四三、眞宗咸平元年四月、頁九一二）。以三班官帶閤門祇候以顯示親近乃較為普遍。

㉟《長編》卷五五、眞宗咸平六年八月癸亥條、頁一二〇八—一二〇九。

㊱佐伯富著、魏月美譯：《宋代走馬承受之研究》、《東方雜誌》復刊第十三卷八期，頁四九。

⑻ 柴德賡《史學叢考》（北京中華書局、一九八二年六月版）、頁五十－九三。原載《輔仁學誌》第十卷一、二合期、一九四一年十二月。

⑻ 宋代宦官之制，承唐五代而來，主要分爲入內內侍省及內侍省兩個龐大之機構。觀其品階，承襲自舊制頗多，與三班官名甚多地方相類。多少反映了過往親從官普遍存在著之官次。《宋史》卷一六六、職官六、入內內侍省、內侍省條、頁三九三九－三九四〇即謂：「入內內侍省有都都知、都知、副都知、押班、內東頭供奉官、內西頭供奉官……內侍省有左班都知、副都知、右班都知、副都知、押班、內東頭供奉官、內西頭供奉官……押班次遷副都知，次遷都都知……。」反之，三班官入宋代以後，其本來之上層官制面目，即都知、副都知、押班等開始模糊，與宦官之官制便顯得很懸殊了。

⑻ 多方顯示，所謂「親從官」、「親從兵」、「皇城卒」、「親事卒」實同樣指著皇城司軍卒而言。例如《長編》卷七四、眞宗大中祥府三年八月、頁一六八七：「先是，皇城司遣親事卒四十人於京城伺察……。」又《長編》卷一一四、仁宗景祐元年四月癸亥條、頁二六七五：「……故事，奉使契丹者，遣皇城卒二人與偕，察其舉措……」。《長編》卷一六三、仁宗慶曆八年二月、頁二九二七：「……國初循周制，置諸班直備爪牙士，屬殿前司，又置親從官，屬皇城司……。」又《群書考索》、《別集》卷二一、兵門、頁一五二四：「皇城司有親兵數千人……。」與《長編》卷二二九、神宗熙寧五年正月條：「命皇城司卒七千餘人，巡察京城……。」頗見相類。此外，又有所謂「探事人」（《長編》卷五五、眞宗咸平六年八月癸亥條、頁一二〇八－一二〇九）、「皇城司邏卒」（《長編》卷一九七、仁宗嘉祐

七年十二月、頁四七八四）及「皇城邏者」（《長編》卷一九〇、仁宗嘉祐四年七月、頁四五七八），實同指皇城司之兵卒。

⑽ 五代以還，鑒於唐代宦禍，對宦官之任用頗爲謹慎，後梁時期，即刻意以親信武官取代舊日宦官出任之使職，三班官在逐漸武官化之過程獲得較大重用。尤於五代後晉、後漢、後周，於軍事活動方面頗見活躍。宦官除了在後唐一代有過迴光返照之主導地位外，其他大部份時期，未見特出。多從事較次要之任使、監當，與三班官親信之程度有別。

⑾ 以宦官勾當皇城司之例很普遍，如王繼恩、李神福、劉承規、周懷政、韓守英、藍繼宗、張惟吉、李憲、石得一、馮益、闕禮等，詳見於《宋史》之宦官傳。

陸、結論

從上述四章之討論，可知唐末五代迄宋初三班官制之嬗變過程，實標誌著由動盪而趨於統一之轉變時代。在軍事與政治組織方面，三班官制度皆扮演著重要之角色。這種制度，崛起於中世君主沒落之晚唐時期，盛行於五代，正值近世君主權力支配之膨脹時期。三班官儼然成爲帝王私人之耳目，執行著多元化之任使。

五代帝王，强調軍、政混合之統治方式，以適應戰時之緊急調動。三班官作爲圍繞著帝王權力核心之元從集團之一份子，在使臣角色以外，逐漸建立强烈之武人色彩，不但成爲中央武官更加在既有之承旨、殿直、供奉官之簡單基層內，增班擴充，發展出三班官制中之上層架構。以後，三班之押班、副都知、都知等職能，又漸漸爲後周世宗親軍制度所吸納，成爲殿前親軍之骨幹。

由承旨、殿直而供奉官，再上遷至各種軍班之轉遷途徑，隨著殿前親軍之確立而趨於沒落。在國家逐步强調統一之大前提之下，軍、政之徹底分家是必然之發展步驟。三班官向軍職發展或有亂制之嫌，遂專向中央職轉升，成爲西班武官以下至低級至使臣。其官職之內容，又只餘承旨、殿直、供奉官，而與上層官制截然地分割起來。

三班官與其他內諸司使之命運相似，隨著軍制之專門化發展，在使臣之功能上大大萎縮，經歷了五代宋初，逐漸成爲很多有名無實之官銜，這種歷史發展趨勢，解釋了宣徽院地位之驟降與宋初武階重整之背景。將五代原有之三班官、內諸司使職名略爲增減，成爲了西班、東班及橫班武官之基本要素。對於了解宋初官僚性格與官制改革之背景，有很大之幫助。

宋初太祖承後周統一之基業，立意改變五代軍政割據之面貌，然而改革中央之重點，只能集中在政治權力架構之較上層，例如三衙、樞密院、中書、三司等機關上，對於較下層之三班官制度改變不大。故此，終太組之世，三班官制仍然含有承襲自五代之色彩，處於過渡之階段。眞正對三班制度作全面性之改革，始終要到太宗端拱、淳化以後。隨著三班院之設立，首先接收舊日隸屬宣徽院下之三班成員。其後又逐漸擴大三班內容，增加三班制度對地方多種勢力之吸納能力，以配合龐大之蔭補計劃，保全高級官員之既得地益。三班官制便在既有之職名以外，增添了借職、奉職、侍禁等新名目，成爲純粹寄階之小使臣，上接諸司使，下接各種地方官員之必經孔道。中央與地方長期之隔膜，便告徹底打開。

三班官階之重新確立，顯然有助於差遣制度之發展；三班內部各官階，皆具有不同等級之差遣類目，全面取代了舊日於本官以內之實職。然而，差遣制度只能代表著相應官階之常務性任使，既爲暫時，亦無從反映其從前之尊貴意味。換言之，在國家統一之過程中，三班官制爲了作爲吸納、羈縻多方勢力之工具，不得不犧牲從前與帝王之親從性。三班官親貴意義喪失之同時，隨之而來的是賤職觀念之强化。爲了取代三班官原有之親信監察職能，遂先後興起了新型之監察名目，諸如皇城司與走馬承受設置於太宗時期，正好表現了近世君主權力之提升，在三班制度以外，又再架床疊屋，建立更多之監察御術了。

徵引書籍及論文

一、原始資料

（後晉）劉昫等《舊唐書》　北京：中華書局　全十六冊　一九七五年五月初版。
（宋）歐陽修、宋祁等《新唐書》　北京：中華書局　全二十冊　一九七五年二月初版。
（宋）薛居正《舊五代史》　北京：中華書局　全六冊　一九七六年五月初版。
（宋）歐陽修《新五代史》　北京：中華書局　全三冊　一九七四年十二月初版。
（元）脫脫《宋史》　北京：中華書局　全四十冊　一九七七年十一月初版。
（宋）王欽若等《冊府元龜》　北京：中華書局　全十二冊　一九八二年十一月初版。
（清）董誥等《全唐文》　台南：經緯書局　全二十冊　一九六五年版。
（宋）王溥《唐會要》　北京：中華書局　全三冊　一九五五年六月初版。
（宋）王溥《五代會要》　上海：古籍出版社　一九七八年一月初版。
（宋）司馬光《資治通鑑》　北京：中華書局　全二十冊　一九八六年四月初版。
（宋）李燾《續資治通鑑長編》　北京：中華書局　第一－二十冊　一九七九年八月初版。
（宋）楊仲良《資治通鑑長編紀事本末》　收入趙鐵寒主編《宋史資料萃編》第二輯　台北：文海出

版社　全六冊　一九六七年版。
(清)畢沅《續資治通鑑》　北京：中華書局　全十二冊　一九六四年十月三版。
(清)徐松輯《宋會要輯稿》　北京：中華書局　全八冊　一九五七年十一月初版。
(宋)馬端臨《文獻通考》　台北：新興書局　一九六四年十一月初版。
(宋)孫逢吉《職官分紀》　四庫全書珍本初集　上海：商務印書館　一九三四年版。
(宋)章如愚《群書考索》　京都：中文出版社　全二冊　一九八二年六月版。
(宋)高承《事物紀原》　台北：台灣商務印書館　全三冊　一九七一年版。
(宋)錢若水等《宋太宗實錄》(殘本二十卷)　上海：古籍出版社據傅氏藏園本校刊　全二冊。
(宋)王稱《東都事略》　收入趙鐵寒主編《宋史資料萃編》第一輯　台北：文海出版社　全四冊　一九六七年版。
(宋)曾鞏《隆平集》　收入趙鐵寒主編《宋史資料萃編》第一輯　台北：文海出版社　全三冊　一九六七年版。
(宋)彭百川《太平治蹟統類》　台北：成文出版社　全二冊　一九六六年版。
(宋)江少虞《宋朝事實類苑》　上海：古籍出版社　全二冊　一九八一年七月版。
(清)趙翼《廿二史劄》　台北：台灣商務印書館　一九三八年版。
(宋)王讜《唐語林》　收入增訂中國學術名著第一輯、增補筆記小說名著第一集、第五冊　台北：

世界書局　一九六二年版。
（宋）司馬光《涑水記聞》、趙彥衛《雲麓漫鈔》、收入楊家駱主編《增訂中國學術名著第一輯》、《增補中國筆記小說名著第一集》　台北：世界書局　全六冊　一九六九年四月初版。
（宋）洪邁《容齋隨筆》　上海：古籍出版社　全二冊　一九八七年七月初版。
（宋）沈括撰、胡道靜校注《新校正夢溪筆談》　香港：中華書局　一九七八年二月二版。
（宋）葉夢得《石林燕語》　台北：中華書局　一九八四年五月版。
（宋）司馬光《溫文正司馬公集》　台北：台灣商務印書館　一九六七年版。
（宋）曾鞏《曾鞏集》　北京：中華書局　全二冊　一九八四年十一月初版。
（宋）王禹偁《小畜集》在《叢書集成初編》　商務印書館　一九三八年版。
（宋）歐陽修《集古錄跋尾》　台北：藝文印書館　一九六七年版。
（清）王昶《金石萃編》　北京：中國書局　全五冊　一九八五年三月版。
（清）胡聘之《山右石刻叢編》　收入嚴耕望編《石刻史料叢書》甲編　一九六七年版。

二、近人著論

王壽南《唐代宦官權勢之研究》　台北：正中書局　一九七一年版。
柴德賡《史學叢考》　北京：中華書局　一九八二年六月版。

王曾瑜《宋朝兵制初探》北京：中華書局　一九八三年版。
梁天錫《宋代祠祿制度考實》香港：龍門書局　一九七八年版。
梅原郁《宋代官僚制度之研究》　同朋舍刊　一九八五年初版。
周藤吉之《五代節度使の支配體制》、《宋代經濟史研究》　東京大學出版社　一九六二年三月版。
友永植《唐、五代三班使臣考》　《宋代の社會と文化》（宋代史研究報告第一集）　宋史研究會　東京：汲古書院　一九八三年六月版。
嚴耕望《唐代行政制度論略》《新亞書院學術年刊》第十一期　一九六九年九月。
閻沁恆《宋代走馬受公事考》《宋史研究集》第十一輯　國立編譯館中華叢書編審委員會　一九七九年七月。
佐伯富著、魏美月譯《宋代之皇城司》《東方雜誌》復刊第十一卷二期　一九七七年八月。
佐伯富著、魏美月譯《宋代走馬承受之研究》（上）、（中）、（下）《東方雜誌》復刊第十三卷八期、九期、十期　一九八〇年二月、三月、四月
菊池英夫《後周世宗の禁軍改革と宋初三衙の成立》《東洋史學》卷二十三　一九六〇年
日野開三郎《藩鎮體制と直屬州》《東洋學報》卷四十三　一九六一年
日野開三郎《五代鎮將考》　《東洋學報》卷二十五　一九三七—三八年
小岩井弘光《北宋の使臣について》　《集刊東洋學》卷四十八　一九八二年